Jugar con el corazón

Jugar con el corazón

La excelencia no es suficiente

Xesco Espar

Primera edición en esta colección: febrero de 2010
Séptima edición: marzo de 2012

© Xesco Espar, 2010
© de la presente edición: Plataforma Editorial, 2010

Plataforma Editorial
c/ Muntaner, 231, 4-1B – 08021 Barcelona
Tel.: (+34) 93 494 79 99 – Fax: (+34) 93 419 23 14
www.plataformaeditorial.com
info@plataformaeditorial.com

Depósito legal: B. 6791-2012
ISBN: 978-84-96981-75-1
IBIC: VS
Printed in Spain – Impreso en España

Diseño de cubierta:
Utopikka
www.utopikka.com

Ilustración de portada:
Umbilical

Fotocomposición:
Grafime. Mallorca 1 – 08014 Barcelona
www.grafime.com

El papel que se ha utilizado para imprimir este libro proviene
de explotaciones forestales controladas, donde se respetan
los valores ecológicos, sociales y el desarrollo sostenible del bosque.

Impresión:
Reinbook Imprés, S.L.
Sant Boi de Llobregat (Barcelona)

Reservados todos los derechos. Quedan rigurosamente prohibidas,
sin la autorización escrita de los titulares del copyright, bajo las sanciones establecidas
en las leyes, la reproducción total o parcial de esta obra por cualquier medio o procedimiento,
comprendidos la reprografía y el tratamiento informático, y la distribución de ejemplares
de ella mediante alquiler o préstamo públicos. Si necesita fotocopiar o reproducir
algún fragmento de esta obra, diríjase al editor o a CEDRO (www.cedro.org).

Para Pol, Anni y Clara.
Porque vuestra mirada y vuestra sonrisa encienden cada día mi corazón.

Índice

Todos tenemos tres vidas 11
1. La excelencia no es suficiente. 13
    La búsqueda de la excelencia. 14
    A veces la excelencia no es suficiente 19
    Romper el límite superior 24
2. Jugar con el corazón 29
    Talento y corazón 30
    Sólo se vive una vez 32
    Escuchar las emociones 35
3. El peligro es no arriesgar 39
    Tomar riesgos: ventajas y desventajas. 41
    Fallas todos los tiros que no intentas 45
4. Creer para ver. 51
    Para qué sirve la visión 58
    Cuando el equipo comparte una visión 61
    La visión no es milagrosa. 65

Jugar con el corazón

5. Romper límites	67
¿Desmotivados o sin objetivos?.	71
Y tras fijar los objetivos, ¿qué?	75
6. En quién te conviertes.	79
Pescar, mejor que cazar.	82
Mejórate. Transfórmate. Crece	84
Trabajar gratis a veces sale a cuenta.	89
7. Cómo trabajar en equipo	93
Humildad y generosidad.	94
Compromiso.	100
Entusiasmo	103
8. Liderar y dirigir un equipo	107
Reclutar gente A	109
Dirigir generando confianza	111
Oro y platino	116
Liderar y planificar.	119
9. Tu vida es ahora	123

Todos tenemos tres vidas

Todos tenemos tres vidas: una vida pública, una vida privada y una vida secreta. Nuestra vida pública es la que conoce todo el mundo. Nos permite ganarnos la vida. Está formada por nuestro círculo de contactos personales, los compañeros del trabajo, los amigos que simplemente son conocidos, la gente de nuestro sector profesional... Por suerte o por desgracia, se trata de la gente con la que solemos pasar la mayor parte del tiempo, de manera que demasiadas veces confundimos esta vida pública con nuestra vida real.

Nuestra vida privada nos da, y a veces nos quita, estabilidad. La forman la familia y los amigos más íntimos. Nos prometemos una y otra vez dedicarle el tiempo que decimos que merece, y a veces hasta casi lo conseguimos, aunque sólo a veces. Nos ofrece descanso, ocio y diversión. Y lo más importante: nos llena con amor.

Pero es la vida secreta la que genera nuestra fuerza vital. Ella es la guardiana de nuestros sueños más intrépidos y en ella nacen la pasión y todas las aspiraciones. Aquí se guardan los sueños que ni siquiera nos atrevemos a compartir, por temor a que nos traten de locos.

En la vida secreta las personas están solas, o con algunos compañeros ocasionales de viaje, pero aquí es donde se fragua su verdadero destino. En lo más profundo del corazón nacen y arrancan todos los proyectos que después pasarán a las demás vidas. Nuestra vida secreta es la esencia de nuestro ser.

A veces concibo mi vida secreta como la parte oculta de un iceberg. La pública y la privada son apenas un pedazo visible de algo mucho más grande y fuerte. Precisamente porque mi vida secreta siempre ha sido extraordinaria, su fuerza me ha permitido reequilibrarme cada vez que en la parte visible he recibido un duro golpe. Mi vida secreta, mis objetivos, sueños e ilusiones han ido fraguándose al calor de una irrefrenable pasión por compartir los extraordinarios regalos que la vida me ofrece constantemente.

Ciertamente, esos tres maravillosos años al frente de un equipo deportivo sensacional no podrían entenderse sin una vida secreta asombrosa.

1. La excelencia no es suficiente

Apenas quedan cinco segundos. Ni siquiera ha silbado el árbitro el final del partido y la emoción se desborda mientras una locura colectiva se desplaza por la pista de juego, en todas direcciones. Acabamos de ganar la Champions League del 2005.

Estoy llorando y abrazando a mis ayudantes. La tensión da paso a la satisfacción mientras me dirijo a saludar al entrenador del equipo rival, a los árbitros y, literalmente, me arrojo sobre la piña de jugadores que se ha formado hace rato.

Un micrófono de la televisión me caza mientras estoy agradeciendo a los jugadores su sacrificio, su lucha y por haberme entregado un año de su vida. Han crecido. Su talento se ha disparado pero, por encima de todo, han puesto su corazón en todo lo que han hecho.

La complicidad dentro y fuera de la pista fueron las características principales de ese equipo. Aunque no arrancamos como favoritos en ninguna competición, nuestro deseo de

Jugar con el corazón

crecer nos permitió acceder a momentos de rendimiento realmente extraordinario. También tuvimos nuestros momentos bajos… De hecho, la competición no empezó nada bien. Perdimos los dos primeros partidos que jugamos en el extranjero (en Rumanía y Hungría) durante la primera liguilla de la Champions League. Incluso nuestra trayectoria en la liga regular española tuvo también sus altibajos. Pero la forma de encarar esas derrotas y lo que aprendimos en ellas fue, al final, lo que nos permitió acabar ganando la Champions League. Cada partido, una lección aprendida.

El crecimiento que mostró nuestro equipo durante los primeros diez meses de campeonato y la complicidad que se instaló dentro del vestuario fueron no solamente un ejemplo de excelencia deportiva, sino todo un ejemplo de cómo pueden romperse las barreras del rendimiento personal para fundirse en la sinergia multiplicadora del trabajo en equipo. Fue sin duda un equipo ejemplo de excelencia.

La búsqueda de la excelencia

La excelencia en el deporte no es algo fácil de conseguir. En realidad tiene más obstáculos de los que puedes encontrarte en otras muchas carreras profesionales. Suele creerse que porque ganan mucho dinero los jugadores tienen que ser máquinas perfectas, motivadas y a punto de todo. Y la realidad es que, simplemente, estos jugadores son personas

La excelencia no es suficiente

como todos, con sus momentos altos y sus momentos bajos, que además están sometidos a muchas presiones y distracciones, que son sus dos grandes enemigos. Cuando eres famoso y tienes dinero, no es fácil centrarte exclusivamente en tu trabajo la mayor parte del día, pues todo tu entorno acaba reclamando tu atención y las distracciones se multiplican. Pocos son los que, en verdad, pueden hacer frente a ello correctamente. Ésos son los «superclase».

Recuerdo el caso de Roger, un jugador joven y prometedor de 18 años que empezó a entrenar con nuestro equipo profesional de balonmano. Apenas llevaba tres meses entrenando y viviendo prácticamente como un jugador profesional cuando un día se me acercó y me dijo:

–Xesco, ¿podemos hablar?

–¡Claro! –respondí yo–. ¿Qué te ocurre?

–Bueno, a mí nada, pero... –titubeó– mis amigos me hacen comentarios.

–¿Comentarios? –le pregunté–. ¿Comentarios sobre qué?

–Pues, por ejemplo, me dicen que el entrenador no es nadie para decirme a qué hora tengo que irme a dormir y que por el sueldo que gano no tengo por qué mostrarme tan disciplinado. Y claro, ellos son mis amigos...

–Hombre –le dije, intentando aparentar calma–, en parte tienen razón... Estoy de acuerdo en que el entrenador puede que no sea nadie para decirte a qué hora tienes que irte a dormir. Pero –y ahí exploté y alcé la voz– ¡es que ya tendría que salir de tu cabeza de alcornoque que si quieres ser jugador profesional a las doce de la noche tienes que irte a dor-

Jugar con el corazón

mir! ¡Tienes que descansar porque al día siguiente tienes entrenamiento!

—Pero...—intentó contestar, aunque rápidamente lo corté.

—Mira, Roger, la disciplina nos da libertad.

—¿Qué? —me interrumpió incrédulo—. ¡Será al revés! La disciplina me quita libertad porque no puedo hacer lo que quiero...

—Lo que tú quieres, no. ¡Lo que quieren tus amigos! Si no tienes disciplina o, mejor dicho, autodisciplina, no eres libre de elegir quién quieres ser. Si no tenemos autodisciplina, no podemos elegir nuestro futuro y estamos siempre a merced de los demás.

«La disciplina nos da libertad»

La excelencia en el deporte sólo se consigue entregándote permanentemente al ciento por ciento y con un nivel de autoexigencia máximo. Eso significa cada día de tu vida, y no sólo en los partidos.

Estar motivado y entregarte al máximo en los partidos no es difícil. A todo el mundo le gusta jugar. Sin embargo, tener ese mismo deseo a la hora de prepararte, eso es lo que distingue a un buen jugador de un verdadero campeón. La motivación actúa como un multiplicador del rendimiento, y la calidad y mejora diaria del equipo es el otro factor de la multiplicación.

Todos los equipos y todos los deportistas tienen dos niveles entre los que discurre su rendimiento en el día a día.

La excelencia no es suficiente

Todos tienen su mejor día y todos tienen su peor día. Una de las mayores preocupaciones de los entrenadores es hacer que ese rendimiento sea lo más estable posible, es decir, que el peor día esté lo más cerca posible del mejor día. Evidentemente, esa igualdad debe buscarse haciendo ascender el nivel del peor día y no al revés. Pues bien, la clave para que eso suceda es simple. No es fácil en absoluto pero es simple. Cuando un jugador está cansado, estresado, presionado... y su rendimiento baja, éste baja hasta su nivel de esfuerzo basal, es decir, su nivel de esfuerzo mínimo a que está acostumbrado cada vez que se viste de corto. De la misma manera, sus pulsaciones bajan hasta un nivel –que no es cero– que depende de su estado de entrenamiento. El secreto entonces para alcanzar esa estabilidad reside en la dedicación, concentración y exigencia con que el jugador realiza cada una de las sesiones de entrenamiento. Ése es su hábito mínimo.

Por ello es imprescindible plantear un altísimo nivel de motivación y exigencia en cuanto a la actitud durante los entrenamientos. Ese hábito que se adquiere no cuando estás compitiendo, sino cuando te estás preparando, es tu colchón de salvación que te recoge cuando el día de la competición las cosas no salen bien. Si no tienes ese colchón, el batacazo puede ser tremendo.

Uno de mis mejores amigos, Pep, apareció un día por el entrenamiento. A pesar de que las sesiones eran a puerta cerrada para el público, siempre permitíamos a entrenadores o estudiantes de Educación Física que los presenciasen en si-

Jugar con el corazón

lencio. Pep es entrenador de fútbol, así que a ningún jugador se le hizo extraña su presencia en la grada.

Una vez finalizada la sesión y cuando los jugadores ya habían abandonado la pista, me dirigí hacia él para que comentáramos lo que había observado. En cuanto le pregunté por el entrenamiento, me dijo:

–¡Vaya intensidad! Creo que los jugadores se dan más golpes en uno de vuestros entrenamientos que en muchos de los partidos en que los he visto.

–Sí, sí –le contesté sonriendo–. Tenemos un partido difícil el sábado y se nota que el equipo está por la faena.

–Sí. Pero la intensidad no es lo que más me ha llamado la atención –me dijo–. Lo realmente impresionante es el silencio.

–¿Cómo? –le pregunté.

–¡Nadie habla! La concentración en los ejercicios es absoluta. ¡Incluso puedes oír el ruido que hace la resina del balón cuando rueda por el parquet!

Ese ambiente de concentración, determinación y dureza mental era el que después reinaba en los partidos.

El acceso al estado de excelencia es muy sencillo. Para alcanzar la excelencia en tu ámbito tienes que trabajar todos y cada uno de los días dando el ciento por ciento de ti mismo en todas las situaciones hasta que ello se convierta en un hábito. Tienes que poner el listón arriba de todo y decir: «De aquí no voy a bajarlo, y voy a pasar por encima de él, cada día». Entrega absoluta y no plantarte jamás con cartas bajas. Hace falta enfocarse en lo más importante y no aceptar las múltiples distracciones con que somos bombardeados a diario.

A veces la excelencia no es suficiente

Con el viento a favor, la excelencia te permite estar siempre cerca de tus objetivos. Cuando partes con una situación de ventaja, esforzarte al máximo de manera consistente te permite mantener un rendimiento estable, cercano a tu máximo. Y como de entrada eres mejor que los demás, rindes por encima de los demás.

Pero ¿qué ocurre cuando no eres el mejor?

Uno de los momentos estelares de cualquier edición de los Juegos Olímpicos es la final de los cien metros lisos. Las ocho personas mas rápidas del mundo se enfrentan en una carrera que apenas dura diez segundos ante los ojos de millones de espectadores.

Suena el disparo de salida y ocho máquinas perfectas salen lanzadas como balas en dirección a la meta. Apenas diez segundos después, el grupo se ha dividido en tres: un corredor eufórico, dos satisfechos y otros cinco que saben que los únicos que se acordarán de que estuvieron allí serán su familia y sus amigos. ¡Y eso que están entre las ocho personas más rápidas del planeta!

Todos ellos han entrenado al máximo durante años. Se han sacrificado y se han exigido dar su ciento por ciento en incontables ocasiones; sin embargo, todo el mérito se lo lleva uno. ¿Perplejidad? ¿Decepción? ¿Injusticia? Nada de todo eso, sencillamente es que a veces la excelencia no es suficiente.

«Ningún rendimiento por debajo del muy bueno es hoy recompensado»

La relación entre el rendimiento ofrecido y la recompensa obtenida ha cambiado en los últimos años. La competitividad se ha vuelto feroz. Hace unos años, en la Liga Asobal de Balonmano sólo se permitían tres o cuatro extranjeros por equipo. Ello obligaba a que la mayor parte de los jugadores de la liga fuesen nacionales. Los de mayor calidad formaban los equipo punteros, mientras que los demás se repartían en el resto de los equipos.

Los jugadores con menor rendimiento estaban en los equipos inferiores, de acuerdo con su calidad. Pero ahora no. Ahora están fuera. De manera parecida, hace algunos años, si tu rendimiento en el trabajo era bajo, tus ingresos eran también bajos. Ahora es cero. Ahora es casi seguro que estás en el paro.

Ningún rendimiento por debajo del muy bueno es hoy recompensado. Hoy en día, los clubes pueden traer muchos jugadores del extranjero y ello obliga a los nacionales a ser poco menos que excelentes si quieren estar en la máxima liga, ya que la mayoría de estos jugadores extranjeros son excelentes.

La excelencia no es suficiente

En los ámbitos altamente competitivos, la excelencia no es siempre suficiente para ser el primero. Si alguno de los participantes parte con ventaja (mayor presupuesto, mejores habilidades, mejor…) y rinde siempre a su máximo potencial, va a acabar primero. Optimizando todos sus recursos y entregándose en todos los momentos de la preparación, va a conseguir siempre un rendimiento muy cercano a su máximo y, como parte desde una posición de ventaja, los demás equipos tendrán que conformarse con mirarlo desde abajo.

Cuando la ley Bosman permitió el acceso a un número mucho mayor de jugadores europeos en los equipos españoles, yo estaba entrenando al equipo juvenil de balonmano del FC Barcelona.

Entre los jugadores que entrené durante ese proceso, estaba David, un joven portero con un gran talento y un gran futuro en ese momento.

Recuerdo que en uno de los viajes del equipo, un día que unos cuantos integrantes del equipo estábamos charlando sobre, precisamente, la cuestión de la «invasión» de jugadores extranjeros y cómo ello podía perjudicarlos en sus carreras deportivas.

—Ahora podrán fichar a más jugadores extranjeros y para nosotros será más difícil poder llegar a los equipos profesionales —dijo David con un cierto aire de preocupación, ya que su aspiración era jugar en la liga profesional española.

—Eso es cierto —dije yo—, pero no tenéis por qué tomarlo mal. Según cómo lo miréis, todavía saldréis ganando…

—¡Sí, hombre! —exclamaron todos a la vez—, ¡Los jugadores que van a venir a jugar a España serán los mejores de sus países!

—¿Cómo vamos a poder competir con ellos? —se preguntaban.

—Bien, es cierto que son buenos, pero entonces ¿qué es lo que queréis? —los desafié—. ¿Queréis un camino fácil para llegar a jugar en la liga profesional? ¿Y luego qué? ¿Ya está?

Ese grupo de jugadores era extraordinariamente competitivo. Yo sabía que lanzarles un reto supondría un estímulo mayor que el mejor de los razonamientos, así que proseguí:

—Fijaos. Va a ser más difícil, sí. Pero si lo tomáis como un reto… quiero decir que, en lugar de quejaros, lo que tenéis que hacer es luchar por no sólo llegar a los equipos profesionales, sino luchar por ser titulares. Y cuando lo seáis, luchar para llegar a la selección española, y cuando lleguéis a ella, luchar por ser titular en la selección. Si lucháis por ser mejores que ellos, no sólo los adelantaréis aquí en España, sino que cuando os enfrentéis a ellos en los torneos internacionales de selecciones, como seréis mejores que ellos, pues también les ganaréis.

Hoy, David lleva ganados, entre otros muchos títulos colectivos e individuales, cinco veces la Copa de Europa, una vez la Champions League y ocho la Liga Nacional; es el jugador que más partidos internacionales ha disputado de la historia con la selección española y ha conseguido dos medallas de bronce olímpicas y una medalla de oro en el campeonato del mundo del 2005.

La excelencia no es suficiente

Cuando te enfrentas a alguien y partes de una situación de desventaja, puedes hacer dos cosas: conformarte o no. Yo jamás me conformo.

Y para batirles conozco dos estrategias que suelen dar resultado. Una a corto plazo, en el momento del enfrentamiento, y otra, mucho mejor, a medio plazo.

La primera posibilidad pasa por hacer jugar mal al rival. Es decir, tienes que evitar que tu adversario juegue bien. No debes salir solamente al campo pensando en lo que tienes que hacer tú, sino también en lo que no debes permitir que el contrario haga. Tienes que anticiparte sistemáticamente a sus puntos fuertes y atacar sus puntos débiles. Tienes que conseguir que el contrario juegue mal, porque si no, como es mejor que tú, te ganará.

Pero mi estrategia favorita es la otra. El adversario es superior a ti al inicio de la temporada, pero ello no implica que debas aceptar eso mismo al final de la temporada. Hay todo un año por delante, y si dentro del trabajo incluimos objetivos que nos hagan mejorar, que aumenten nuestra calidad individual y colectiva como equipo, podemos conseguir que dentro de diez meses seamos mejores que ellos. El objetivo en este caso es romper nuestro nivel máximo y hacer que nuestro ciento por ciento actual no sea más que un pequeño porcentaje de nuestra capacidad de rendimiento futura.

Cuando te enfrentas a alguien, en principio mejor que tú y sabes que va a tener un rendimiento excelente tienes que romper una cosa. Tienes que romper el límite superior de tu rendimiento a través de tu crecimiento.

Romper el límite superior

Es posible que partamos de una situación de desventaja. Está bien. Puede incluso aceptarse, pero jamás debemos resignarnos a ella. Hay que luchar con todas nuestras armas, especialmente con la imaginación, que en estos casos es la más determinante.

Hay tres requisitos para romper las barreras de la excelencia. El primero es jugar con el corazón. Es decir, hacerle más caso al corazón, a lo que queremos, que a la cabeza, a lo que pensamos. Porque la cabeza procesa información y analiza; en cambio, el corazón alberga nuestros deseos más profundos, que son los que nos movilizan, los que nos hacen actuar. La cabeza nos hace ser lógicos y el corazón nos hace soñar.

> «La cabeza nos hace ser lógicos y el corazón nos hace soñar»

En segundo lugar, tenemos que centrarnos en nuestros propósitos más profundos. Me explico: a veces pensamos en ganar más dinero, pero en realidad estamos hablando de un nivel muy superficial de propósito, porque seguramente queremos ganar dinero para comprarnos una casa, hacer un viaje… propósitos que se encuentran en un nivel más profundo que el de ganar dinero. Y si profundizamos un poco más, veremos que en realidad la casa nos interesa porque deseamos seguridad para nuestra familia, o que queremos via-

La excelencia no es suficiente

jar para sentir nuevas emociones, y estos últimos sí son deseos más profundos. Y conviene concentrarnos en este tipo de deseos porque son los que nos impulsan a actuar. El movimiento se crea por la emoción y cuanto mas profunda la emoción, más rápido el movimiento.

Y, en tercer lugar y por encima de todo, lo que hay que hacer es crecer. Debemos situar el rendimiento de nuestro mejor día más alto de lo que está ahora. Nuestro máximo nivel actual está determinado por nuestras capacidades actuales, que curiosamente constituyen obstáculos para superar nuestro máximo nivel. Porque para llegar a ser un referente, en cualquier ámbito, no es suficiente llegar al máximo de nuestras capacidades, sino desarrollar nuevas.

En la vida es importante dejar un legado. Aunque decir esto pueda parecer un poco pretencioso, lo cierto es que dejamos un legado queramos o no. Nuestra vida es un modelo que imitar, o que evitar. Nuestra vida es un ejemplo, un modelo que inspirará a los demás, o un aviso de lo que no se quiere llegar a ser.

Y para ser un ejemplo inspirador hay que creer en lo imposible, en lo que ahora te parece imposible. Si tus circunstancias actuales son el punto de referencia para tomar tus decisiones o plantearte objetivos, limitas tus posibilidades y nunca serás más de lo que eres. No queda otra opción que creer en lo imposible y lanzarte al vacío, creer en lo que aún no tienes –porque de hecho aún no lo mereces– y atreverte a cambiar tus circunstancias. Para llegar a la excelencia hay que formarse, para traspasarla hay que transformarse.

Jugar con el corazón

Y ese paso de la excelencia a más allá de ella no suele estar tan lejos como creemos. A 99 grados el agua está muy caliente. A 100 grados cambia de estado. Sólo se necesita un grado más. En ese punto el cambio está muy cerca.

Hace unos años tuve el honor de ser invitado a dar unas clases de metodología del entrenamiento en un curso para directores de campos de golf, organizado por la University of Costal Caroline, de Carolina del Sur. Uno de los requisitos de entrada como alumno al curso era tener un altísimo nivel de golf. Afortunadamente, ya que apenas he golpeado unas decenas de veces esa pequeña pelota, ése no era un requisito para el profesorado. Y precisamente estaba comentando ese hecho un día en clase, cuando dije:

—Me parece admirable la precisión que llegáis a tener jugando al golf. Sois capaces de lanzar fuerte la pelota y además con una precisión increíble. Y lo hacéis de manera consistente. Realmente os admiro —confesé—, porque yo quizás conseguiría lanzar con esa potencia que tenéis, pero entre vuestra bola y la mía podría haber unos ciento cincuenta metros de diferencia.

El grupo irrumpió en una gran carcajada. Entonces, Mark, uno de los mejores jugadores de la clase, dijo:

—No te creas, Xesco. En realidad, entre tú y nosotros solamente hay unos milímetros de diferencia.

—¿Cómo? —le dije extrañado—. ¿Puedes explicarme cómo podría yo lanzar la pelota para que cayese tan sólo a unos centímetros de las vuestras?

La excelencia no es suficiente

—Fíjate en una cosa —explicó—. La diferencia real en el momento de golpear la pelota es de tan sólo unos milímetros —dijo juntando sus manos y ejecutando en el aire su swing—. Lo que ocurre es que unos milímetros de diferencia aquí, delante de tus pies, suponen una diferencia de diez grados en el ángulo de salida de la bola, que se transforman en cien metros allí abajo, al caer. Pero en realidad, para tener la misma precisión que nosotros, tan sólo tendrías que mejorar unos milímetros —y dibujó una gran sonrisa en su cara.

> «A veces buscamos en el exterior una mejora que parece enorme y de un trabajo ingente, cuando, en realidad, todo lo que tenemos que hacer es cambiar tan sólo un poco, pero dentro de nosotros»

¡Menuda metáfora para la vida! A veces, buscamos en el exterior una mejora que parece enorme y de un trabajo ingente, cuando, en realidad, todo lo que tenemos que hacer nosotros es cambiar tan sólo un poco, pero dentro de nosotros mismos.

A veces, la excelencia (o incluso sobrepasarla) está más cerca de lo que creemos y tan sólo es necesario cambiar algunos de nuestros hábitos por otros. No es una acción puntual la que determina la victoria, no gana el partido el que marca el gol mas bonito, sino que es la suma de todas y cada una de las acciones desde que empieza hasta que acaba el partido lo que lo decide. La temporada jamás deviene un fracaso de repente, o por un mal partido. Más bien, caes en él después de repetir pequeños errores una y otra vez, sin corregirlos, a lo largo de demasiado tiempo. Y similarmente, el éxito se alcanza por la suma de pequeñas y sencillas acciones realizadas durante días, semanas, meses…

2. Jugar con el corazón

Jerry Maguire es un agente profesional de deportistas. Cansado de trabajar en una gran empresa, decide establecerse por su cuenta, aunque tiene que empezar con un solo cliente, Rod, un jugador profesional de fútbol americano.

Rod le recrimina a Jerry constantemente que no le consigue un gran contrato como él cree que merece, incluso lo amenaza con buscarse otro representante, y gran parte de la película discurre con divertidas discusiones entre el apasionado futbolista y el ingenioso agente.

Un día Jerry va a verlo a uno de los partidos en Phoenix, Arizona. A la salida y después de una pequeña discusión de camino al estacionamiento sobre sus matrimonios y vidas privadas, Jerry le pregunta:

—¿Somos realmente amigos, tú y yo?

—Sí, claro, ¿por qué me lo dices?

—Porque los amigos pueden decirse cosas, si realmente son amigos.

—Ok, dime.

—¿Quieres saber por qué no tienes ese contrato de diez millones de dólares? Bien, te lo diré. Actualmente estás jugando por dinero. Estás jugando con la cabeza, no con el corazón. En tu vida personal eres todo corazón, pero en cuanto entras en el campo, sólo te quejas de quién ha fallado el pase, quién no te está dando su amor, quién tiene el contrato que tú no tienes… estás jugando con la cabeza, y ¿sabes qué? Eso no inspira a la gente. ¡Eso no es lo que inspira a la gente! Juega el juego, ¡juega con el corazón! Juega con el corazón y yo te mostraré el dinero. Ésa es la verdad, amigo. Ésa es la verdad… ¿puedes soportarlo?

Jerry Maguire, nombre del personaje que dio título a la película dirigida por Cameron Crowe en 1996, sabía que jugar con el corazón inspira a la gente. El público que va a ver un partido no a va a ver solamente el partido. La gente quiere emociones, quiere ver algo que la conmueva.

Talento y corazón

Cuando vemos a alguien talentoso, lo admiramos. Cuando los espectadores ven a un jugador capaz de hacer malabarismos con el balón, y con habilidades técnicas fuera del alcance de la mayoría de los mortales, sienten admiración, porque saben que ellos jamás podrán conseguirlo. Las habilidades técnicas y el talento son admirados.

Pero cuando la gente ve a alguien que entrega su alma en el partido, que lucha, que se esfuerza generosamente, que no da un balón por perdido, que no abandona aunque las cosas se pongan feas... entonces se siente identificada con esa persona, porque luchar es algo que está al alcance de todo el mundo. Y cuando este sentimiento de identificación lo genera todo un equipo, el público se siente literalmente en el campo, cada persona que mira el partido siente que ella misma lo está jugando. Cuando eso ocurre, la sensación de los que estamos abajo, en el campo, no tiene igual. Es tan electrizante que te pone la carne de gallina.

Los grandes partidos que jugamos en el Palau Blaugrana tuvieron siempre una respuesta extraordinaria del público. La sinergia con el público era tan fuerte que nos llevaba en volandas todo el partido. Es un aliento especial que te impide jugar mal... porque son demasiados corazones jugando juntos.

Esto no significa que el talento esté reñido con el corazón. Talento y corazón no son contrapuestos. De hecho, ambos son necesarios para tener un equipo campeón. Para ganar hay que marcar goles, regatear al rival, correr más que él, saltar más alto, pero, en definitiva, no gana el que marca el gol más bonito sino el que marca más. El talento tiene que desarrollarse en los entrenamientos y, finalmente, mostrarse en el partido una y otra vez.

Jugar con cabeza te proporciona estrategia y la capacidad de adaptarte a las situaciones de juego de una manera inteligente. Te permite reaccionar y anticiparte. Te facilita la concentración en los elementos importantes del juego. Te permite ver esos pases increíbles que admira el público, te hace ver dónde está flaqueando el rival...

Jugar con el corazón

> «Talento y corazón no son contrapuestos.
> Ambos son necesarios para tener
> un equipo campeón»

Pero jugar con el corazón te hace sentir especial. El tiempo desaparece y tienes la sensación de estar fluyendo. La sensación de esfuerzo no es la misma. Es como si desapareciese la fatiga. Sólo sientes pasión por el juego y ello comporta una total fusión con el partido. Para ganar hay que luchar, muchas veces sufrir, cuando las cosas no salen bien, ser disciplinado y jugar en equipo, entregarse, esforzarse... liberarse del ego y fundirse en el equipo. Caerse y levantarse con más fuerza cada vez.

Porque por mucho talento que tengas, siempre habrá momentos en que las cosas se tuerzan, en que no salgan como querrías. En esos momentos surge la incertidumbre y pueden ocurrir dos cosas: que te bloquees, aflojes y pierdas o que te sobrepongas y entres de nuevo en el partido con más fuerza. Eso es corazón. Talento y corazón son las dos caras de una misma moneda para la grandeza.

Sólo se vive una vez

Tenemos que buscar en nuestra vida secreta las razones que nos llevan a ser lo que queremos ser –entrenador, en mi caso– y construir con esas razones un muro impenetrable a las reacciones de los demás.

Jugar con el corazón

Mi razón personal es la gente. Yo soy una persona normal. Mi pasión por el balonmano nació en el Carmelo, uno de los barrios más humildes de Barcelona, donde me crié. Gracias al esfuerzo de mis padres, fui a una escuela donde el balonmano era importante. Nunca dejé de jugarlo. Poco a poco se fue transformando en mi trabajo, mi profesión, mi pasión. Llegué a lo más alto gracias a mi esfuerzo, a prepararme y al amor de la gente que tengo alrededor. Y entre todo lo que he aprendido, hay algo que tengo siempre bien presente: no se trata de balonmano, se trata de ser mejor cada día en aquello que hagas y entregarlo a los demás, sin importarte el retorno.

Cuando sientes una pasión tan fuerte como la que yo sentía por el balonmano, tienes la sensación de que aprovechas cada instante de la vida. Estás tan concentrado en lo que haces en el momento que el tiempo desaparece. Y es entonces cuando te sientes en plenitud, lleno de lo que haces, porque no necesitas más.

Vivir de esta manera, en plenitud, es el sueño de la mayoría de los seres humanos. Y aunque muchos no lo consiguen, no es porque sea un privilegio de unos pocos tocados por una varita mágica, sino el resultado de saber qué queremos hacer en la vida y tener el coraje y la determinación para hacerlo.

Cuando decides y te atreves a vivir en plenitud, te resulta cada día más fácil y disfrutas de la vida al máximo. Estás tan atento a lo que haces, a lo que te gusta, que no haces más que ver la cantidad de cosas buenas que tienes en tu mundo. Te sientes agradecido y aceptas cada nuevo reto con espíritu de aventura, con ánimos, porque sientes confianza y seguridad en ti mismo.

Pero nada de esto es posible si no nos decidimos a actuar, si no nos lanzamos a la acción. Hay que dar un primer paso desde la incertidumbre, movidos sólo por la esperanza de que la recompensa valdrá la pena.

Vivir con pasión es lo contrario a vivir dormido, es vivir despierto. Sólo se vive una vez, y posiblemente una buena parte de ella ya haya pasado cuando estés leyendo estas líneas. Ya que tienes la vida, haz algo con ella. No has elegido nacer donde has nacido, no has elegido la vida, pero puedes hacer lo que quieras con ella, darle la forma que tú prefieras. Y no hay mayor orgullo que ser el diseñador de tu propia vida.

Hay tres clases de personas: las que van como dormidas por la vida y ni se enteran de lo que pasa en la realidad, las que sí se dan cuenta de lo que ocurre, y las que hacen que las cosas ocurran. Estos últimos son los intrépidos y atrevidos que mueven la sociedad.

> «Hay tres clases de personas:
> las que van como dormidas por la vida y
> ni se enteran de lo que pasa en la realidad,
> las que sí se dan cuenta de lo que ocurre
> y las que hacen que las cosas ocurran»

Es cierto que somos lo que somos, que nacemos con una esencia que debemos asumir, y en este sentido no tenemos mucho margen de elección. Pero sí tenemos la libertad de elegir ser nosotros mismos al máximo o bien quedarnos a medias, es decir, desarrollar o no todo nuestro potencial.

Tal vez puedas ocultar quién eres realmente, o quién quieres ser, en algún ámbito de tu vida. Puede que tus compañeros de trabajo, o incluso tus familiares, no conozcan tu verdadera esencia, pero tarde o temprano tu personalidad aflora, no puedes ocultar quién eres siempre ni en todas partes. Ser entrenador me hizo comprender esto rápidamente, porque con los jugadores hay que mostrarse tal cual eres. No se puede fingir ser otro y dar una imagen falsa. Se comparten muchas horas con los jugadores y enseguida éstos detectan las incoherencias y empiezan los problemas. Si yo no vivo de acuerdo con lo que digo, nadie me cree, ¿y cómo convencer a los demás si no me creen?

¿Y por qué ser uno mismo a tope? ¿No sería más sensato quedarse a medias, es decir, desarrollar nuestro potencial en la medida de lo posible pero sin agobiarnos? Creo que tenemos dos opciones: ser menos de lo que podemos ser y, por consiguiente, no ser lo que podemos ser, o intentarlo todo y, a cambio, vivir una vida más llena, sentirse realizado.

Escuchar las emociones

Para empezar a ser quien somos, y quien podemos llegar a ser, es imprescindible conectar con nuestras emociones. De hecho, las emociones mueven el mundo. Esto lo saben muy bien los publicistas, que crean los anuncios basándose en nuestras emociones. Si la publicidad es efectiva, lo es porque toca nuestra fibra, nuestros deseos, asumidos o no, nuestros miedos... Y éstos tienen el poder de hacernos actuar. Aunque los humanos seamos animales racionales, en la historia de nuestra evolución, hemos sido más tiempo animales que racionales. Así no nos debería extrañar que normalmente las emociones pasen por delante del raciocinio a la hora de tomar decisiones.

El mundo se mueve por emociones. De hecho, los dos únicos fenómenos sociales que en la actualidad pueden llegar a congregar a más cien mil personas son el deporte y la música. Se trata de dos ámbitos que son pura emoción.

Tomar decisiones emocionalmente no significa eludir nuestra responsabilidad y decidir sin pensar o a ciegas, sino aceptar una responsabilidad todavía aún mayor, la de hacernos cargo no sólo de lo que podemos hacer sino de lo que queremos hacer. Decidir desde la emoción no es tan simple como se pueda creer, y puede incluso llegar a ser un proceso muy duro, porque implica escuchar nuestros sueños, lo que más nos importa en la vida. Las decisiones racionales sólo tienen en cuenta las circunstancias actuales, lo que es posible según las condiciones que hoy tenemos, pero las decisiones emocionales se basan también en lo que visualizamos para nuestro futuro.

La vida secreta te da fuerzas para las otras dos vidas, pero hay que alimentarla cada día. Cuando tomamos decisiones lo hacemos dentro de las vidas privada y pública, pero es la vida secreta, la de las emociones y la del corazón, la que nos debe ayudar a perseverar en la decisión que hemos tomado. Por eso hay que alimentarla cada dia. Para esto hace falta dedicar un rato cada día a sentir, a soñar y a alimentarla, a renacer cada día en tu vida secreta. Esto es lo que te hará vivir con pasión.

3. El peligro es no arriesgar

Nuestra última posesión de balón en la final de la Champions del 2005 estuvo presidida por la tensión y el riesgo. Si anotábamos, nos poníamos por delante en la eliminatoria. Si no anotábamos, el Ciudad Real se hacía con el título. Cuando faltaban veinte segundos para acabar el partido, una penetración de Iker fue interceptada por un jugador rival y el árbitro señaló penalti. Nuestro orden en los lanzadores de penalti determinó que fuese precisamente Iker el jugador encargado de ese lanzamiento, un tiro que sin duda era de suma importancia.

Sin titubear ni un momento, cogió el balón y se preparó para realizar el lanzamiento más importante de su vida hasta entonces.

El árbitro silbó e Iker lanzó el balón hacia el suelo, a su izquierda, en una trayectoria que hacía presagiar que la pelota iría fuera de la portería. Sin embargo, ¡llevaba efecto!, y en el momento de contactar con el suelo cambió de dirección y entró, por debajo de la pierna derecha del portero, en la portería.

Jugar con el corazón

El público enloqueció. En el momento más importante del año, Iker había hecho el lanzamiento más arriesgado que existe: una rosca.

Después de sacar de centro, nuestro portero Dejan detuvo el último lanzamiento desesperado del rival y el partido acabó. Éramos los nuevos campeones.

Cuando optamos por no arriesgar, la vida se vuelve aburrida y monótona. Cerrados en nuestra propia percepción de seguridad, sólo obtenemos aquello que nos dan los demás. Ese orgullo especial que te ilumina cuando has conseguido algo grande desaparece. Con «envidia sana» hacia los demás, pero muertos en vida en realidad, vemos pasar las oportunidades prometiéndonos que mañana lo haremos.

Los deportistas que no arriesgan suelen ser mediocres. Las tres clases de personas que mencionaba en el capítulo anterior también se pueden observar en el deporte. Desde esta perspectiva, hay tres grandes tipos de deportistas: los que no se enteran de lo que ocurre, los que sí se enteran y se adaptan a lo que ocurre y, finalmente, los que hacen que ocurran las cosas. Los del primer grupo no pasan de ser unos simples aficionados, los del segundo grupo son la mayoría de los jugadores, y los del tercero son los que todos querríamos en nuestro equipo.

> **«Cuanto mayor el logro conseguido, mayor el riesgo asumido»**

El peligro es no arriesgar

Tomar riesgos: ventajas y desventajas

Si hacemos un repaso sincero de todo lo que hemos conseguido en la vida, nos daremos cuenta de que la mayoría –por no decir *todo*– de lo que tenemos proviene de las situaciones en que hemos tomado riesgos. Cuando nos declaramos a nuestra pareja, cuando cambiamos de trabajo, cuando decidimos hacer ese gran viaje, cuando nos enfrentamos al jefe… Cuanto mayor el logro conseguido, mayor el riesgo asumido.

Si las ventajas de arriesgar son tan claras, ¿qué es lo que nos frena para tomar riesgos? Puede haber muchos motivos, pero el miedo y la necesidad de seguridad y certeza suelen estar presentes cuando no nos atrevemos a arriesgar. El miedo a fallar y el miedo a que el esfuerzo no sea suficiente nos atenaza y bloquea. Recordando las veces que han sido criticados, muchos jugadores aprenden a jugar fácil y seguro, de manera que sin cometer fallos tienen un cierto lugar en los equipos. Sin embargo, jamás reciben recompensas, y si alguna vez las tienen como equipo, siempre es gracias a los logros de los demás.

Está claro que no arriesgar también tiene sus ventajas. A los jugadores que no arriesgan, por ejemplo, este comportamiento les reporta alguna recompensa: difícilmente se ven rechazados por sus compañeros; al contrario, son apreciados por los más intrépidos ya que no ven en ellos un rival interior. Además, utilizan a menudo todo tipo de justificaciones personales que suelen generar más compasión que desprecio, de manera que incluso se sienten arropados en su propia cobardía. Sin embargo, cuando llega el gran día, el día en que todo el mundo debe aportar, ese día desaparecen. El día que se los necesita se enrocan en sus excusas de no estar preparados y de no haberlo hecho nunca. Ese día dan un paso hacia atrás, se relegan a una categoría inferior.

Por supuesto, los que no arriesgan no cometen errores. En el corto plazo, esta actitud les funciona, pero en el largo plazo, no arriesgar siempre pasa factura.

Son muy pocos los beneficios de evitar el riesgo, ¿no? En cambio, el riesgo nos permite crecer y nos hace sentir vivos. Nos sitúa en el terreno de la incertidumbre momentánea, ¡pero eso le añade pulso a la vida! Cuando arriesgamos, aceptamos que no somos perfectos, porque decidimos mejorar y crecer. Cuando arriesgamos, valoramos que queremos alcanzar algo que posiblemente ahora no esté a nuestro alcance, pero que nuestra determinación y coraje nos permitirá lograr.

Arriesgar es exigirnos algo más de lo que tenemos y no plantarnos con cartas bajas.

Ese pequeño acelerón que toma el corazón cuando nos exponemos, además, nos hace sentir llenos de vida. Nuestro día a día se vuelve más variado y emocionante, y si alcanzamos lo que queremos, nos sentimos llenos personalmente, en la tan ansiada plenitud.

Todas las personas de mi entorno, todos mis amigos, se alegraron cuando les comuniqué que iba a hacerme cargo de la

El peligro es no arriesgar

dirección del equipo profesional de balonmano del FC Barcelona. Curiosamente, sólo mi madre se mostró preocupada. Protectora, como supongo todas las madres, su argumento era bien lógico y simple para ella:

—¿Ya has pensado qué te dirá la gente si no te sale bien? Qué atrevido eres. Yo no lo haría por nada del mundo.

Aunque me hubiesen asegurado que me iba a salir mal, habría aceptado el cargo, habría desafiado al destino. Para mí no había riesgo. Me había preparado y había estado esperando ese momento durante veinte años. Mi certeza era absoluta.

¡Cuidado! Arriesgar no es apostar. En la apuesta no hay crecimiento. Cuando apuestas tiras los dados, compras lotería o apuestas al número… y eso es todo. La ruleta gira y el resto ya es cuestión de suerte. En cambio, en el riesgo no hay suerte… o mejor dicho, la suerte no es más que una pequeña parte.

En el riesgo hay voluntad de luchar por mantener el control. En el riesgo hay preparación. Esa lucha permanente para alcanzar el objetivo y nuestra mejora es lo que le da sentido a la toma de riesgos.

«Arriesgar no es apostar»

Volviendo al ejemplo del inicio del capítulo, el lanzamiento de Iker no fue una apuesta, sino un riesgo calculado, porque nos habíamos preparado para esa situación. Había-

Jugar con el corazón

mos visto y estudiado el comportamiento habitual del portero del Ciudad Real que iba a jugar ese partido, que tenía dos técnicas básicas de parar los penaltis: la primera era dirigir los brazos hacia arriba a la izquierda y la segunda, levantar la pierna derecha y bajar el brazo derecho. En ese contexto, la rosca es siempre gol. Si el portero se comportaba como nosotros esperábamos que se comportara, podría decirse que esa jugada no era arriesgada; era más arriesgado tirar fuerte. Éste es el tipo de riesgo que vale la pena tomar.

¿De qué vale la seguridad? La seguridad es un mito. Si la vida no es una serie de riesgos, entonces no es nada. No arriesgar es una manera de esclavitud. A pesar de que la esclavitud fue abolida ya hace tiempo, hoy en día ha aparecido una forma mucho más sutil de esclavitud: la falta de confianza en nosotros mismos, que nos lleva a actuar como recursos de los demás. Hay personas que, debajo de un disfraz de seguridad y tranquilidad, aceptan ser guiados como ovejas por otras. Literalmente, les pertenecen.

Pertenecemos a otros cuando actuamos como uno de sus recursos, cuando estamos al servicio del cumplimiento de sus objetivos y proyectos. Se trata de una actitud que eventual y temporalmente puede ser un gesto de generosidad; de hecho, todos en algún momento de nuestra vida ayudamos a otro a cumplir sus objetivos, pero esto debe hacerse de manera consciente, a sabiendas de que se trata de una decisión personal y no impuesta o producto de la falta de objetivos propios. O tú pones tus objetivos y te arriesgas a conseguirlos u otro te usa para sus objetivos.

El peligro es no arriesgar

Por eso, para ser libre, hay que arriesgar. Sólo el que se atreve a diseñar su futuro y lo persigue es libre. Cuando no arriesgamos, esperamos que otro decida por nosotros, que nos facilite el camino, que en realidad es *su* camino. Y al final del camino, todos los honores serán suyos, porque suyo era el plan y las ganas.

> **«A pesar de que la esclavitud fue abolida ya hace tiempo, hoy en día ha aparecido una forma mucho mas sutil de esclavitud: la falta de confianza en nosotros mismos, que nos lleva a actuar como recursos de los demás»**

Fallas todos los tiros que no intentas

No siempre el miedo se viste de miedo. Hay personas que disfrazan su miedo de escepticismo, cinismo o pesimismo. El escepticismo y sus variantes son una forma de evitar el peligro o el riesgo. La mayoría de los escépticos son cobardes disfrazados, aprovechan cualquier excusa para abandonar la pelea: «no tiene sentido luchar, siempre ganan los mismos, no sirve de nada…» y otros argumentos de este tipo los hacen desistir. Es como si constantemente pidiesen pruebas de que la pelea vale la pena. Y no hay pruebas. Hay que arriesgar.

El miedo no es más que una emoción, y como tal es una señal de alarma que el cuerpo nos envía. El miedo nos avisa que algo importante va a suceder y nosotros creemos que no estamos preparados. Desde esta perspectiva, el miedo es un buen consejero… pero no para paralizarnos sino para prepararnos. Desgraciadamente, el miedo a menudo nos bloquea.

Es imposible vivir sin sentir miedo. La emoción es más rápida que la razón, pero mientras que a algunos sólo los paraliza, a otros les enciende la adrenalina, hace que se preparen y sigan actuando. Cuando te tomas así el miedo, lo conviertes en un gran aliado.

Cuando nos enfrentamos a un obstáculo o reto importante, nuestro carácter se revela tal cual es, sale a escena. En mi caso, el hecho de hacerme cargo de un equipo que había ganado cinco copas de Europa y cinco ligas seguidas, es decir, que había tocado el cielo y que ahora no era más que un equipo bueno, era un reto demasiado atractivo como para dejarlo pasar. Era una llamada a la esencia de mi ser como hombre. Era un reto y un riesgo que tenían, independientemente del resultado, un premio descomunal: la persona en quien iba a convertirme. Conociendo el esfuerzo que iba a suponer, sabía que por fin daría forma y sintetizaría todos los años de preparación, y que me afectaría no solamente desde un punto de vista intelectual o mental, sino también corporal. Porque cuando te encuentras en situaciones de reto gigantesco, el conocimiento intelectual no es suficiente. Debes tener integrada hasta en la última molécula de tu ser esa personalidad atrevida, estar preparado para actuar casi sin pensar, como si se tratase de un reflejo, de una respuesta que está incorporada no sólo en tu mente sino en tu cuerpo. Así puedes anticiparte a las situaciones décimas de segundo antes de que ocurran o, al menos, reaccionar sólo unas décimas de segundo después.

Nadie se hace grande hasta que se emplea al máximo, y nada mejor que un obstáculo grande para llevarnos a emplearnos al máximo.

Si pensamos en el punto de la vida en el que nos encontramos y echamos la vista atrás, nos daremos cuenta de que cada vez que nuestro destino dio un paso hacia delante fue porque afrontamos un reto lleno de riesgo. Lo que tenemos, quienes somos, es fruto de los riesgos que hemos tomado.

Pero los riesgos que hemos tomado en el pasado no nos llevarán más lejos; ya nos han servido para llegar hasta aquí. Si queremos ir más lejos, debemos encarar nuevos retos. Y a partir de entonces, asumir el riesgo que todo lo nuevo conlleva, decidir aceptar el desafío y tener el coraje para hacer lo que creamos que es lo mejor.

¿Qué ocurrirá si no intentamos nada? Los jugadores fallan el ciento por ciento de los tiros que no intentan. A pesar de que las personas suelen creer que si no intentan nada no pueden fallar, en realidad fallan todas las veces que no se mueven. Ya lo decía Wayne Gretzky, uno de los mejores jugadores de hockey sobre hielo: «Yo fallo el ciento por ciento de los tiros que no intento».

La gente admira a Michel Jordan. Lo admira porque en ciento veinticinco partidos metió el balón en la canasta en el último momento, y por esa canasta el equipo ganó. Lo que la gente no sabe es que en el mismo número de partidos falló, y el equipo perdió. La gente sólo se acuerda de las veces que acertó, a pesar de que otras tantas falló. ¿Por qué lo admiran entonces? Porque él siempre lanzó el balón.

Si existiese una guía práctica para reunir el coraje necesario para afrontar los riesgos que se nos presentan en la vida, seguramente indicaría que el primer paso es la fe. La fe es muy parecida al miedo; la única diferencia es que en la fe nuestra expectativa es positiva, mientras que en el miedo la expectativa es negativa. Cuando tengas miedo, puedes transformarlo en fe sólo cambiando el sentido de lo que esperas, esperando que esta vez te salga bien. Si crees que algo te va a salir mal, tienes miedo; si crees que te saldrá bien, tienes fe.

El segundo requisito de la guía para tener coraje es pensar que lo peor que puede pasar no es tan malo. Esto no es pensar que saldrá mal, sino pensar que salga como salga podremos seguir adelante. Pase lo que pase no es el final.

Se trata de pensar en el lado positivo siempre, de mirar sólo tus puntos fuertes. No pierdas el tiempo en los aspectos negativos, porque es tiempo que pierdes para hacer las cosas que sabes hacer, para desarrollar tus fortalezas.

> «Si crees que algo te va a salir mal,
> tienes miedo;
> si crees que te saldrá bien, tienes fe»

Es curioso observar como a veces nos parece que la gente que avasalla a los demás, aquellos que sin miramientos van a la suya, consiguen más cosas que los que son «buenas personas». Esa gente tiene una cualidad de la que los otros carecen: ¡van a la suya! Y, mientras, los otros se quejan de ellos, en lugar de actuar. Aprendamos pues lo bueno de esas personas: actúan. No hay que quedarse pensando en lo que hacen mal los demás, sino que hay que hacer lo bueno que sabemos hacer.

La emoción de la certeza y el coraje poseen una determinada y parecida respuesta fisiológica. Las personas que se sienten seguras de sí mismas y que poseen la fuerza para afrontar riesgos «construyen» esa emoción según tres aspectos: su postura corporal, el movimiento que realizan y cómo enfocan su pensamiento.

La primera es su postura física: la tensión corporal, los puntos de equilibrio, la posición de la cabeza, la mirada, la sonrisa… Si a una persona deprimida la pones a reír, se le pasa la depresión. Si estamos deprimidos, caminamos cabizbajos, pero si decidimos caminar con la cabeza en alto, la depresión empieza a irse. Está comprobado que si nos movemos, nos sentimos más seguros que si estamos quietos. Por eso, si dudas, muévete.

La segunda característica de las personas en posición de certeza es precisamente el movimiento. La alegría, la pasión, la celebración son emociones que imprimen movimiento a nuestro cuerpo mucho más que el aburrimiento o la tristeza.

Finalmente el tercer parámetro que determina el estado emocional es el enfoque que tiene su mente. Enfocan su pensamiento en sus puntos fuertes y se concentran en pensar en lo que puede ocurrir si aciertan, no en lo que puede ocurrir si fallan.

De la misma manera que vemos que nuestros pensamientos y nuestras emociones están conectadas neurológicamente con nuestra postura y nuestro movimiento, es fácil entender que el camino de regreso también existe. Es decir que nuestra postura y nuestro movimiento van a influir en la emoción que nosotros sentimos. De manera que, cambiando nuestra postura y nuestro movimiento, vamos a influir en la emoción. Sólo con cambiar entonces el pensamiento, ya vemos que podemos «fabricar nosotros» las emociones en lugar de simplemente aceptar que éstas nos ocurran.

En un estado emocional de certeza el riesgo es mucho más asumible. De hecho, en algunos de los seminarios que doy sobre cómo controlar a voluntad el estado emocional, después de practicar los diferentes estados emocionales y mantenernos un buen rato en el estado de certeza, los participantes son capaces de partir una flecha con la parte más blanda de su cuello o andar descalzos sobre un lecho de brasas ardiendo, sin quemarse.

> **«Podemos "fabricar nosotros"**
> **las emociones en lugar de simplemente**
> **aceptar que éstas nos ocurran»**

4. Creer para ver

El día antes del partido de vuelta de la final de la Handball Champions League del 2005, la reunión previa al entrenamiento fue muy especial. Antes de cada sesión, reunía al equipo en el centro de la pista, donde les explicaba lo que íbamos a hacer y aprovechaba para lanzarles mensajes referidos a los acontecimientos con que nos enfrentaríamos en los siguientes días. Después de formar el círculo alrededor del escudo que hay en el centro de la pista, les dije:

–Seguidme, quiero explicaros una cosa

Y acto seguido, crucé el campo en dirección a una de las esquinas y empecé a subir por las escaleras de la grada a través de las que el público accede a sus localidades. Ellos me siguieron. Después de subir unos treinta peldaños, me detuve en un rellano desde el que se contempla toda la pista. Allí, la veintena de integrantes del entrenamiento formamos un nuevo círculo. Entonces, señalando hacia las escaleras que nos habían llevado hasta ahí, les dije:

–Subir hasta aquí requiere de un determinado esfuerzo: subir estos treinta peldaños, todos los peldaños. Fijaos en que el esfuerzo del veintinueve al treinta es exactamen-

Jugar con el corazón

te igual que los otros, no es nada que no hayamos hecho en los anteriores, pero es el que te permite, finalmente, llegar hasta aquí.

—Mañana —continué— tenemos el partido más importante del año, y para algunos de nosotros de nuestras vidas. Es normal que cuando pensemos en ello, sintamos temor. Pero quiero que os deis cuenta de que no tenemos que hacer nada que no hayamos hecho ya. La razón por la que sólo nos falta un peldaño es porque nosotros somos los que hemos subido los otros veintinueve.

—Os he visto luchar y hacer un partido genial en Alemania —dije aumentando el tono de voz—, sufrir y hacer un partido extraordinario en Eslovenia, y hace una semana hicimos un partido casi perfecto en Ciudad Real. Sólo hay que volverlo a hacer. Una vez más. Sólo una vez más. Quiero que vengáis con la absoluta convicción de que vamos a ganar. Ninguna duda. Absoluta certeza. Y si alguno se descubre desde ahora mismo hasta mañana a las cinco de la tarde con algún pensamiento de duda, temor o miedo, y no consigue sacárselo de su cabeza en menos de un minuto, es mejor que no venga. No, no, no quiero que ni aparezca por aquí. Si alguien no está convencido al ciento por ciento de que mañana seremos los nuevos campeones de Europa, no quiero ni verlo antes del partido. Que venga cuando hayamos acabado y que se una a la celebración. Y si somos sólo siete, somos siete, pero convencidos. Y si estamos todos absolutamente convencidos, ganaremos.

Mi única intención era pintarles sus siguientes veinticuatro horas. Quería dibujar la visión de lo que significaría ganar. Únicamente ganar, sin ningún otro escenario posible. Quería que se sintiesen ganadores seguros antes de ganar. Todos los grandes campeones son campeones en su interior antes de que les cuelguen la medalla el día de la competición.

Nuestro rival, el equipo de Ciudad Real, era un auténtico grupo de estrellas mundiales. Posiblemente, en conjunto, mejor que nosotros al principio de la temporada, pero no en ese momento. Nuestro equipo había pasado por una serie de problemas que nos habían hecho crecer enormemente y yo quería que se diesen cuenta de ello. Que pensasen desde su nueva identidad, la de ganadores. Porque cuando vemos que las cosas pueden ser mejor de lo que son ahora, nos ponemos a trabajar para hacerlo posible. Por eso quería que los jugadores tuvieran clara la visión del triunfo.

> «Todos los grandes campeones son campeones en su interior antes de que les cuelguen la medalla el día de la competición»

La visión es la descripción detallada de nuestros sueños más intrépidos. La visión se construye armando frases que dibujen un futuro atractivo. Si bien es cierto que hay que ver la realidad tal y como es y ser honesto, también lo es que no hay que verla peor de lo que es. Hay pocas cosas que deteste, pero no soporto a los pesimistas, a los escépticos, a los negativos. En realidad, muchos de ellos esconden su falta de coraje bajo el disfraz de «persona realista», y esperan encontrar la primera excusa para ni siquiera intentarlo, para abandonar a la primera de cambio.

El siguiente paso para construir la visión es precisamente ver las cosas mejor de como están ahora, ver la posibilidad de lo que puede ser. Hay que pintar la visión, para que sea visible para todos, y luego hacérsela ver a todo el mundo. Yo quería que después de esa charla, los jugadores se fueran a sus casas con la actitud de quien sabe que ganará, y que lo transmitieran a todo el mundo.

Y para que ellos se creyeran esa visión, tenía que incluir en ella las cosas que les gustaban a ellos. Hacerles partícipes de esa visión, colocar sus objetivos en ella, no sólo los nuestros. Para que sea realmente inspiradora, la visión no puede ser egoísta, ya que sería parcial, y la visión debe incluir a los demás, especialmente a nuestro círculo próximo (la familia, el público, los hijos, los clientes...). Para construir una visión en los demás, debemos «venderles» una mejor vida, lo cual no significa engañarlos, porque una buena visión lleva definitivamente a lograr la realidad buscada.

Pocas veces es nuestra capacidad intelectual la que nos mueve. No es el hecho de entender las cosas desde un punto de vista consciente lo que nos hace actuar. Si fuese así, los millones de doctores que hay en las universidades serían posiblemente los que regirían los destinos del mundo. Sin embargo, no es así: no es el intelecto ni nuestro entendimiento lo que nos pone en acción, sino nuestras emociones. Hay que recorrer el camino que va desde el centro del cerebro hasta el fondo del corazón para encontrar lo que realmente nos mueve, lo que nos impulsa, lo que nos hace pasar de «tener ganas» a sentir un irrefrenable deseo de pasar el tiempo sumergidos en una determinada tarea. El mapa de ese camino normalmente es una imagen. Cuando vemos la foto definitiva de lo que es posible y cuando sentimos vívidamente los sentimientos que lleva asociado es cuando sentimos el impulso de ponernos en marcha. Ver para creer.

¿Cuántas veces nos hemos visto movidos por un partido emocionante o por una actuación deportiva extraordinaria? ¿Cuántas veces un deportista, viendo que otro lo había conseguido, ha creído que él también podía hacerlo? Las imágenes crean emociones y éstas se transforman en acciones.

Por la misma razón, cuando tenemos la imagen de nuestro escenario ideal, cargado de imágenes brillantes y emociones excitantes, se filtra en nuestro interior y enciende la llama que nos pone en movimiento. Y cuanto más nítida e intensa sea, más nos atraerá hacia su concreción. Seguro que cualquier persona haría más para conseguir un sueldo de 3.000 euros que para conseguir uno de 300, ¡o uno de 30.000! El de 300 no es tan atractivo como para impulsarnos a actuar; por el de 30.000 tampoco nos moveremos porque no nos resulta alcanzable. En cambio, si vemos la posibilidad de hacer algo para conseguir el de 3.000, sin duda lo haremos.

«Una visión debe hacer crecer a la gente»

Todo se crea dos veces: la primera vez en nuestra mente y la segunda en el exterior, con nuestras acciones. Esa creación mental es la visión. Y una visión para una tarea monumental debe ser también monumental.

Finalmente, una visión debe hacer crecer a la gente. Una auténtica visión debe elevar a todos los que la comparten al máximo exponente. Cuando las personas ven que dentro del equipo progresan personalmente y que sus carreras se ven potenciadas, adquieren un nivel de compromiso que hace posible resultados extraordinarios en un tiempo realmente corto. No tengo ninguna duda de que ése fue el secreto que nos permitió ganar la competición más importante de Europa, la Champions League, en mi primer año de entrenador profesional.

La visión debe ser impactante, sólida, atractiva, precisa, inspiradora, motivadora. No sólo debe reflejar el mejor de los escenarios, sino que debe expresarse con palabras cargadas de energía, para que al recitar o revivir esas palabras la energía nos empape y penetre en nuestro interior.

También es importante tener en cuenta el momento en que creamos la visión, el estado emocional en el que nos encontremos. La visión debe crearse en un estado emocional de máximo rendimiento, es decir, cuando estamos en nuestro punto máximo emocionalmente. Esto significa que si escribimos nuestra visión mientras estamos relajadamente sentados, el resultado será diametralmente opuesto a la visión que hubiéramos escrito después de hacer ejercicio físico o en nuestro punto máximo emocionalmente.

Creer para ver

Por otro lado, la lectura de la visión nos transportará automáticamente al momento en que la hemos construido, al mismo estado emocional de entonces. Por eso también es preferible elegir un buen momento para definir nuestra visión.

La visión debe producirnos euforia, motivación, impulso, aceleración, deseo. Si hay algo que me mantuvo intensamente motivado a lo largo de los tres años, en los buenos y en los malos tiempos, en las victorias y en las derrotas, en los interminables viajes y frente a los jugadores, eso ha sido sin ninguna duda la visión que creé para mi rol como entrenador profesional y para el equipo:

> *Dirijo el equipo hacia una temporada extraordinaria con una energía ilimitada. ¡El estado «hiperenchufado» es mi estado mínimo! Disparo instantáneamente el rendimiento de los jugadores encendiendo su motivación al máximo. Soy un ejemplo de altas aspiraciones, incluso de aspiraciones irreales. Confío en los jugadores y ellos confían en mí. Estoy comprometido en dar constantemente referencias positivas a la actuación de los jugadores para instalarles creencias de autoconfianza y poder personal. Encaro cada desafío con una actitud y un nivel de convicción asombrosos, para alcanzar mi objetivo final: inspirar a la gente.*

Igualmente, creé una poderosa visión para el equipo:

> *Nuestro equipo de balonmano es una fuente de inspiración masiva para todo el mundo que se acerca a él. Rebosa energía positiva, di-*

namismo, precisión, compromiso, humildad y orgullo. Los jugadores disfrutan y se emocionan por pertenecer a este equipo. El público disfruta y ansía vernos y emocionarse. El equipo gana y convence en cada partido con una actitud contagiosa que nos permite sobreponernos y sobrepasar cada uno de los retos con que nos enfrentamos. El estado emocional del equipo es siempre del ciento por ciento. El equipo mejora cada día mediante entrenamientos y planes de partido perfectos.

Somos un equipo de primera clase mundial perfectamente organizado. Lo formamos magníficos gladiadores-jugadores-entrenadores que estamos apasionadamente comprometidos con la misión del equipo. Nuestras vidas están maravillosamente potenciadas por los recursos y recompensas que el club y el equipo nos proporcionan. El equipo está inmerso en un entorno mágico que transforma la calidad de vida de cada miembro y la de nuestros espectadores, y nos proporciona un impulso atómico y una pasión para sobrepasar la excelencia en todo lo que hacemos. Somos una familia que estamos literalmente enganchados a venir a entrenar cada mañana y a llenar nuestro día a día de victorias deportivas, sociales y económicas.

Para qué sirve la visión

Pero más allá de la excelente herramienta de motivación, ¿cuál es la verdadera utilidad de la visión? Dejadme que os cuente una anécdota.

En uno de los múltiples viajes por Europa, nos sorprendió una fuerte tormenta que hizo que el pequeño charter de cincuenta plazas en que viajábamos diese un buen par de sal-

Creer para ver

tos. Unos minutos después del susto, Roberto, el capitán del avión, salió de la cabina y se nos acercó para ver si todos estábamos bien.

—Vaya tormentita, ¿eh? –dijo con una sonrisa–. Ahora ya ha pasado todo y hay buen tiempo hasta Budapest. ¿Estaréis tranquilos?

—Hombre... –dijo bromeando Joan, el gerente del equipo– yo estaría un poco más tranquilo si en lugar de estar aquí con nosotros estuvieses pilotando el avión...

—No, tranquilos, llevo el piloto automático puesto y eso es igual de seguro que si yo estuviese pilotando –replicó con una sonrisa aún mayor.

Y continuó explicando:

—Un avión suele estar fuera del rumbo óptimo durante una gran parte del trayecto. Las corrientes y bolsas de aire con que se encuentra lo desvían multitud de veces, pero gracias a que el piloto automático conoce exactamente las coordenadas de destino, rápidamente se reequilibran todos los parámetros del vuelo para situarlo nuevamente en el rumbo correcto.

La visión funciona de la misma forma. Una vez hemos decidido cómo queremos exactamente que sea nuestro futuro, por muchos problemas y altibajos que la vida nos plantee, siempre conoceremos nuestro lugar de destino y podremos reorientar nuestras acciones hacia donde queremos realmente ir. Cada vez que tropecemos, nos levantaremos en la dirección correcta.

Jugar con el corazón

Nos sentimos atraídos hacia la visión de lo que queremos ser, así como nos atrae ese coche, esa casa o ese vestido que nos gustó tanto. Cuando encontramos una prenda de vestir que nos gusta, enseguida nos imaginamos con la prenda puesta; o nos imaginamos viviendo en esa casa o conduciendo el coche. Vernos a nosotros mismos en ese futuro que soñamos es lo que nos motiva a actuar para conseguirlo.

Si cerramos los ojos y pensamos en una persona de 70 años, ¿qué vemos? ¿Alguien mayor, alguien activo, sedentario, que está sentado en un sofá mirando la tele? Cuidado, porque lo que veamos es hacia donde nos dirigimos. Puede que no pensemos en nosotros con 70 años, pero sí tenemos una imagen de una persona a los 70 años. Igual que tenemos esa imagen, tenemos muchas imágenes y visiones de las que no somos conscientes. Si hacer ejercicio es visto como algo doloroso o aburrido, es normal que no lo estemos haciendo; sólo cuando asociemos nuestro futuro a un estado físico saludable y a un cuerpo ágil, hacer ejercicio se convertirá en algo natural y necesario. Así de poderosa es la visión.

La visión nos proyecta hacia el futuro, y el nexo entre ese futuro y el presente es nuestra identidad. Si la visión es la imagen que tenemos de nosotros mismos en el futuro, la identidad es nuestra imagen presente. Nuestra identidad se ha formado por las múltiples circunstancias y experiencias que nos han ido marcando. Es más, la identidad no es producto sólo de nosotros, sino también de las personas que hemos tenido a nuestro alrededor.

Y la importancia de la identidad radica en que es nuestra herramienta para transitar por el ahora con la intensidad y la pasión necesarias para poder lograr nuestra visión. De hecho, muy pocas veces nuestros logros sobrepasan la capacidad que nos atribuimos a nosotros mismos. Si nos vemos incapaces de pilotar un avión, seguro que no lo conseguiremos, porque ni siquiera lo intentamos. Pero si nos vemos capaces, al menos decidiremos formarnos y entonces las posibilidades de aprender a pilotar un avión aumentan. De ahí que la identidad sea un factor motivador… o limitante. Y si decíamos que era importante que fuéramos nosotros mismos quienes definimos nuestra visión, mucho más lo es que nos ocupemos de definir nuestra identidad y, mejor aún, en términos positivos. La visión indica en quién queremos convertirnos y la identidad refleja en quién nos estamos convirtiendo. Por eso hay que estar muy atentos a nuestra identidad, a la imagen que nos formamos de nosotros mismos.

> «La visión indica en quién queremos convertirnos y la identidad refleja en quién nos estamos convirtiendo»

Cuando el equipo comparte una visión

¿Y qué pasa cuando se trata de crear la visión de un equipo? Si consideramos el equipo como una unidad, es fundamental que tenga una visión estimulante y una identidad sólida. Esta visión debe recoger los dos aspectos más importantes del equipo: los referentes a su estilo de juego y, sobre todo, la dimensión emocional que lo hace sentir imbatible. Cuando la identidad del equipo está creada por los propios integrantes del equipo, tiene una potencia descomunal. Y esto es algo que he podido comprobar con aquel equipo campeón.

Después del Mundial de Túnez, celebrado en enero del 2005, nuestro equipo volvió a reunirse apenas una semana antes de reiniciar las competiciones. Habíamos estado más de un mes separados, ya que la mayoría de los integrantes de nuestro equipo eran extranjeros y habían aprovechado el descanso para volver a sus países, y en apenas siete días debíamos volver a integrar el equipo. Se me ocurrió comenzar con un juego, y poco podía imaginar que tendría tanta potencia.

Le pedí a Toni, uno de mis ayudantes, que buscase en los vídeos de los partidos anteriores imágenes de buenas acciones y de comportamientos emotivos de todos y cada uno de los jugadores del equipo. También le pedí a otro de mis ayudantes, que curiosamente también se llamaba Toni, que buscase música de la que escuchaban los jugadores en esa época.

Con ese material, preparamos un montaje audiovisual de veinte minutos muy provocador y capaz de transmitir una excitación extraordinaria.

El miércoles de esa semana solamente entrenamos por la mañana, pero convoqué a una reunión de trabajo con todo el equipo por la tarde. Cuando los jugadores llegaron, nos dirigimos a la sala de vídeo en la que normalmente analizábamos los partidos. Nos sentamos como habitualmente, y vimos la película que habíamos montado, con el volumen al máximo.

La temperatura emocional de la sala fue subiendo minuto a minuto, a medida que los jugadores se iban reconociendo en las imágenes. Los gritos de ánimo y alegría no tardaron en aparecer y cuando finalizó la película y encendimos las luces, los rostros de todos los jugadores reflejaban un estado de alegría y orgullo como pocas veces he visto. Entonces les hablé:

–Éstos somos nosotros. Los del vídeo y los de aquí. Hemos sido capaces de realizar partidos y acciones extraordinarios este año, y lo que habéis visto es solamente una parte de lo que sabéis que podemos hacer. Ahora –continué– quiero que os pongáis en grupos de cuatro o cinco y hagáis una lista con las palabras que os vienen a la mente, con las expresiones que creáis que mejor definen lo que sentís. Y cuando tengáis la lista quiero que seleccionéis las diez palabras con que estáis más de acuerdo.

Así lo hicieron y a continuación escribí las palabras de todos los grupos en una pizarra. Algunas de ellas se repetían y al final votamos entre todos las más representativas: corazón, equipo, disciplina, esfuerzo, cerveza,[1] compromiso, ganar, orgullo…

---

1. Junto con todo tipo de refrescos, en la nevera del vestuario también teníamos cerveza sin alcohol y normal. Me había dado cuenta de que los jugadores después de los entrenamientos y los partidos iban a algún bar tomar una cerveza, pero lo hacían por grupos de afinidades. Así que decidimos tener también cerveza en la nevera para que la tomasen allí, todos juntos. La palabra «cerveza», en ese contexto, fue también un concepto usado por el equipo para multiplicar su cohesión.

Jugar con el corazón

Al día siguiente imprimimos pequeños carteles con esas palabras y los pegamos encima de las taquillas de los jugadores y en diversos lugares del vestuario, para que cada día tuviésemos presente esos momentos y la clase de equipo que éramos. Esas palabras representaban la identidad de nuestro equipo, y a ellas hacía referencia cuando les mandaba mensajes por el móvil, antes de los partidos, o repetía durante la charla que siempre precede al partido. Actuaban como resortes que les provocaban un estado emocional intenso, marcado por un fuerte deseo de empezar a jugar y la seguridad de que ganarían.

De esa manera, habíamos conseguido crear una visión e identidad de equipo sólida, que marcaba el rumbo y daba fuerzas y ganas de superar cualquier dificultad para conseguir el objetivo: ganar.

A partir de la visión del equipo, pude definir los objetivos para éste, pero no fue hasta que hicimos la actividad con los jugadores, en la que ellos tuvieron que escribir las palabras clave, que esa visión realmente los movilizó. Porque la visión de un equipo o una empresa no se puede crear desde el comité de dirección; para que tenga efecto debe ser creada desde los integrantes del equipo. Cuando se crea desde el comité de dirección, puede servir para clarificar los objetivos como empresa, pero sólo actuará como resorte impulsor si surge del corazón de los participantes, de los miembros del equipo. Porque si no, éstos se preguntan: ¿En eso qué hay para mí?

La visión no es milagrosa

La ley de la atracción –aquello de que tus pensamientos atraen lo que te ocurre– es importante, pero hay más. Soñar todo el día está muy bien, y soñar en imágenes, mejor. Y si el futuro es muy atractivo, perfecto, porque al dibujarlo tiendes a ponerte en movimiento… pero si no te pones en movimiento, no tienes nada. La visión por sí sola es inútil; debe ser tan específica y personal que nos lleve irremediablemente a la acción, no a la contemplación.

Cuando preparaba la carta de presentación de mi webminario (seminario online que dirijo), les pedí a varios entrenadores amigos que leyesen el texto. Si me decían: «Está muy bien», seguía revisándola, porque yo no buscaba eso. Sólo me di por satisfecho cuando después de dársela a un entrenador, éste me dijo: «¡Me apunto! ¿cuándo empieza?». Esa carta sí que transmitía la visión del seminario, porque llevaba directamente a la acción.

La visión no se trata de un papel con palabras o frases bonitas, sino de la emoción que genera en nuestro sistema nervioso para ponernos a actuar instantáneamente en busca de su consecución. Creo que como líderes debemos actuar simultáneamente en dos planos diferentes: el táctico y el estratégico. El primero es el de la gestión del presente, de la situación, es más reactivo; el segundo requiere que nos anticipemos a las situaciones.

El liderazgo estratégico sirve para desarrollar la visión y el táctico para afianzar la identidad. Como líderes estratégicos debemos tener en cuenta el futuro más que el presente. Es más importante en quién vamos a convertirnos que quién somos ahora. Para ello, es imprescindible que contemos con una visión que ilumine el futuro.

Cómo líderes tácticos, en cambio, debemos mirar más al presente que al futuro. La táctica es inmediata. Para llegar al futuro debemos entrar en acción ahora. Nuestra herramienta para transitar por el ahora con la intensidad y la pasión necesarias es la identidad.

En mi trabajo como coach, casi siempre tengo que ayudar al cliente a redescubrir su motivación. Siempre empiezo por la visión. Hasta que no tiene una visión bien desarrollada y muy estimulante, no pasamos a hacer planes de trabajo, porque los planes de trabajo salen automáticamente cuando la visión es buena. Si quieres que la gente haga cosas, tienes que impulsar su visión.

Completar una lista de tareas diaria puede convertirse en algo rutinario y aburrido, en cambio, en el momento en que relacionamos las tareas de nuestra lista con nuestra visión a largo plazo, ¡la motivación acude al instante!

5. Romper límites

He tardado veinte años en cumplir mi objetivo.

Cuando era jugador de balonmano, mi sueño era ganar la copa de Europa en un equipo profesional. Después de pasar por las categorías base del FC Barcelona, y tras estar medio año cedido al GEiEG de Girona, por fin di el salto al primer equipo como jugador profesional.

Durante la temporada, me di cuenta de que el entrenador y yo teníamos una visión diferente sobre cuál era mi puesto exactamente en el equipo. Mientras que yo creía que era en el campo, jugando, él insistía en colocarme en el banquillo. Como casi siempre ocurre, el entrenador tenía razón: mi calidad no era suficiente para jugar en ese equipo de élite. Quizás ahora, con la perspectiva de los años, hubiese tomado otra decisión, pero en ese momento lo vi claro: si tenía que estar en el banquillo, por lo menos iba a mandar… así que me hice entrenador. Y mi objetivo no cambió, pero cambié el medio para conseguirlo. Si no podía ganar la Copa de Europa como jugador, intentaría ganarla como entrenador.

En la rueda de prensa posterior a la Final de la Champions League del 2005, la primera pregunta que me hicieron fue cuánto tiempo había esperado este momento. Y contesté: «Pues unos veinte años. Dejé de jugar cuando tenía 22 años y me hice entrenador. Ahora tengo 42; he estado veinte años persiguiendo este sueño».

Durante esos veinte años, todo lo que hice estuvo encaminado a ser el mejor entrenador que pudiese ser. Al acabar la carrera de Educación Física, hice oposiciones para dar clases en un instituto. Lo conseguí, daba clases por la mañana y por la tarde tenía tiempo para seguir estudiando y entrenar al equipo de juveniles del FC Barcelona.

Unos años más tarde, surgió la posibilidad de sustituir a un profesor de balonmano de la facultad, oportunidad que no podía desaprovechar, porque me iba a permitir seguir aprendiendo y estudiando el balonmano. Así que estudié, preparé un proyecto para obtener esa plaza y la obtuve. Pude compaginar ese cargo con el de preparador físico del equipo profesional al que después entrenaría.

Todas las decisiones sobre los diferentes trabajos que tuve estaban encaminadas a mejorar mis habilidades como entrenador para estar preparado el día que se presentase la ocasión. Si no hubiese tenido ese objetivo, seguramente habría trabajado en otros de los muchos trabajos que, incluso mejor remunerados, me ofrecieron. El mundo que vivimos es el mundo que nos hemos ido creando a partir de nuestros objetivos. Por eso, el primer paso que debemos dar para conseguir nuestros sueños es plantearnos los objetivos que queremos alcanzar.

Romper límites

Luego, habrá que mantenerse perseverante y no olvidar que más importante que alcanzar los objetivos es moverse hacia ellos, no dejar de avanzar. Para mí no existen objetivos imposibles, acaso sí haya plazos intrépidos. A veces, sobrevaloramos lo que podemos conseguir en un año, e infravaloramos lo que podemos lograr en cinco. Puede suceder que, por un error de cálculo en el tiempo que necesitamos para conseguir algo, nos desanimemos al no conseguir los resultados esperados, nos desmoralicemos y abandonemos el camino, cuando en realidad sólo es cuestión de fijar un plazo más realista. Mientras nos estemos moviendo hacia el objetivo, no hay de qué preocuparse. Deberíamos pensar menos en el cuándo y más en el qué estoy haciendo ahora.

> **«No existen objetivos imposibles, acaso sí haya plazos intrépidos»**

Después de todo, lo realmente importante de los objetivos no es tanto lo que obtenemos cuando los conseguimos, sino la persona en quien nos convertimos mientras intentamos conseguirlos.

A mis alumnos de la Facultad de Educación Física siempre les decía lo mismo en su último año de carrera, justo cuando estaban a punto de dejar la universidad: que en sus primeros tres trabajos no mirasen el dinero que podían ganar, sino el tipo de profesional en que se debían convertir para realizar ese trabajo a la perfección. Al fin y al cabo, el dinero te dura un mes; en cambio, las habilidades que vas obteniendo mientras trabajas permanecen en ti el resto de tu vida profesional, y cada vez que negocies un nuevo contrato, serás un mejor profesional, con más capacidades, y podrás obtener, entonces sí, una mejor remuneración. Si vas a por el dinero al principio, pasarán tres años, tendrás las mismas capacidades profesionales, ganarás lo mismo y ése será tu techo para futuros empleos, y no tu piso.

En la primavera de 1991 asistí a unas jornadas de psicología del deporte en las que uno de los entrenadores del saltador de longitud Michael Powell hablaba de su programa de entrenamiento mental. En ellas le escuché decir que a Mike le gustaba plantear objetivos de entrenamiento, pero no objetivos de competición, «porque Mike dice ¡que lo podrían limitar! Si puedes saltar 8,98, ¿por qué va a plantearse 8,93?». Tengo que reconocer que me quedé un poco perplejo por la contundencia de la afirmación. A los pocos meses, Powell saltaba 8,95 metros y batía el récord de Bob Beamon de 8,90 que había durado veintitrés años, un récord que parecía imposible batir.

Hay quien no se molesta en plantearse objetivos, que va para donde sopla el viento, pensando que así cultiva su capacidad de adaptarse a lo que toca, su flexibilidad. Es un punto de vista interesante, pero yo creo que en la vida, o tienes objetivos o, como ya dije anteriormente, perteneces a los objetivos de otras personas, quienes, por cierto, difícilmente te habrán tenido en cuenta a ti al fijarlos. Insisto: posiblemente, durante un periodo determinado de tu vida, no sea malo pertenecer a los objetivos de otro. Pero tienes que saberlo, ser consciente de ello y valorar las consecuencias de que esa situación, de últimas, te retrase en la consecución de tus objetivos o, lo que es mucho peor, te lleve en dirección contraria.

> **«En la vida, o tienes objetivos o perteneces a los objetivos de otras personas»**

¿Desmotivados o sin objetivos?

Esa demostración que hacen los karatekas de romper una tabla con un golpe de mano lo puede hacer cualquiera. Tiene tres «trucos». Uno es situarse en una postura física de certeza y seguridad. A partir de ahí es cuestión de dos cosas: una es la velocidad de ejecución, es decir, hacerlo muy rápido; y la otra es no apuntar a la tabla para romperla, sino apuntar más allá de la tabla, de manera que cuando la mano pasa por ella simplemente la traspase. ¡Qué importantes son los objetivos! Sirven para romper lo que creíamos que era nuestro límite, porque ponen nuestra mirada más allá del listón, de esa tabla que frena el golpe.

Por consiguiente, más que falta de motivación, de lo que se trata muchas veces es de falta de objetivos. Cuanto mayor es el objetivo, mayor es la motivación. Si quieres que las personas de tu equipo estén motivadas, ponles objetivos grandes y, además, claros, para que tengan pistas sobre lo que hay que hacer.

Jugar con el corazón

En el mundo del deporte, frecuentemente el público dice que los jugadores «no están motivados». En realidad, lo que suele ocurrir es que no saben lo que tienen que hacer. Claro que quieren ganar, pero sin objetivos concretos ni pautas de actuación es imposible.

Y un último apunte sobre los objetivos: al igual que cuando defines la visión, cuando te fijes objetivos hazlo desde un estado emocional elevado, es decir, cuando te encuentres en un estado de máximo entusiasmo y ganas de comerte el mundo. Según ese estado, así saldrán los objetivos. Porque si escribes algo cuando estás triste, te pondrás triste al releerlo; en cambio, si tus objetivos nacen en un momento de plenitud y fuerza, cada vez que los recuerdes, te contagiarán esa energía.

> **«Nunca permitas que tus circunstancias actuales influyan en tu definición de objetivos»**

Nunca permitas que tus circunstancias actuales influyan en la determinación de tus objetivos. Se suele decir que primero hay que hacer una evaluación de la situación actual y después definir los objetivos. Yo creo que no, que no hay que mirar lo que hay. Es mejor definir los objetivos, según nuestros sueños, y después mirar lo que hay, y, más importante aún, lo que se necesita para conseguir los objetivos. Porque si no, dejaríamos de hacer un montón de cosas para las que tenemos potencial, potencial que debemos desarrollar y que sin objetivos que nos reten no desarrollaremos nunca. Definir los objetivos en función de los recursos que tenemos disponibles en el presente es jugar muy seguro. ¿Dónde está el riesgo y la magia?

Siempre he huido de los objetivos realistas. Ya sé que esto puede parecer ridículo, pero un objetivo realista para mí es muy poco estimulante. Para que un objetivo me motive, tiene que cumplir dos condiciones, y la primera es precisamente que no haya surgido de la valoración de las circunstancias actuales.

El primer año que entrené al equipo de juveniles del FC Barcelona me di cuenta de que los medios con que contaba el equipo no eran los óptimos para obtener los objetivos que yo creía que debíamos cumplir: formar jugadores para el equipo profesional. El equipo sólo tenía tres días de pista de entrenamiento y eso era, para mí, insuficiente. La primera medida que tomé fue hacer dos días extra de entrenamiento, aunque sólo fuesen exclusivamente de preparación física. La segunda fue incorporar uno o dos días de pesas a la semana, para que los jugadores desarrollasen la fuerza necesaria para dar el salto de categoría. Pero me encontré con que no había instalaciones para los equipos juveniles, sino sólo para los profesionales, y no me daban permiso para utilizarlas, a pesar de mi insistencia. Fue entonces cuando decidí hablar con el encargado de las instalaciones donde estaba el gimnasio.

–Mira – le dije–, tienes que dejarme entrar en ese gimnasio. Lo único que quiero es poder entrenarlos mejor.

–Imposible –fue su contundente respuesta–. Ya sabes que solamente es para los jugadores profesionales… no puedo hacerlo.

Ya me veía perdido cuando de pronto se me ocurrió:

—Está bien, lo entiendo... pero mira, si tú nos dejas entrar a entrenar estos dos días, cuando nadie nos vea, cuando salgamos lo vamos a dejar todo tan limpio y ordenado que podrás afeitarte usando el suelo como espejo.

—Está bien... está bien... —titubeó— pero no se lo digas a nadie.

Desde ese día pudimos hacer pesas dos veces a la semana. Y de ese equipo, que llegó a ser campeón de España, nueve jugadores lograron jugar en equipos profesionales en los siguientes tres años y varios llegaron a ser internacionales y olímpicos. Si hubiese aceptado las condiciones iniciales del equipo, difícilmente hubiésemos obtenido esos extraordinarios resultados.

Ni que decir tiene que mi reputación como entrenador aumentó muchísimo y me dio confianza para seguir en mi camino. Y todo empezó el día en que no acepté que las condiciones del entorno influyesen en los objetivos que quería alcanzar.

Creo que esa obsesión mía por aspirar siempre a lo máximo se debe en gran parte a que me encanta la naturaleza. De su observación se aprenden muchas cosas que podemos aplicar en nuestra vida, porque al fin y al cabo nos gobiernan sus mismas leyes. Y si algo he aprendido es que en la naturaleza todo se maximiza, todo crece y se desarrolla hasta su máximo potencial. ¿Cuán alto crece un árbol? ¿Hasta dónde crece? Un árbol crece todo lo que puede, intentando alcanzar todo su esplendor. ¿Por qué entonces conformarnos con ser menos de lo que podemos llegar a ser? ¿Por qué plantarnos a medio camino? A veces, pienso que si los árboles tuviesen cerebro humano, posiblemente nos darían mucha menos sombra en verano.

Pues bien, si un objetivo no me desafía a hacer y a ser algo distinto de lo que ya hago y soy, no me lo tomo demasiado en serio. Ésa es la primera condición que debe cumplir un objetivo. La segunda condición es que, una vez planteado el objetivo, me tiemblen las piernas. Si eso se cumple, puedo darlo por bueno. Si se te corta la respiración un momento, el objetivo vale la pena, porque te hará levantar, si es necesario, a las cinco de la mañana para conseguirlo.

Y tras fijar los objetivos, ¿qué?

A veces no nos planteamos objetivos, por diversos motivos. No creemos que sirvan para algo, o bien carecemos de método para alcanzarlos o bien pensamos que, ciertamente, fallar duele. Hacerse ilusiones y no conseguirlo puede habernos hecho sufrir, y para no volver a sufrir, nos infligimos un autosabotaje emocional y acabamos funcionando al ralentí y con miedo. Y ya se sabe que el miedo es el freno más efectivo para la acción. Para evitar el dolor, no nos damos cuenta de que la vulnerabilidad nos da fuerza: cuando te sientes vulnerable es que han tocado el centro de tu ser, tu esencia más profunda, y ahí es donde se genera toda la fuerza emocional, en el centro de nuestro ser, a menudo en nuestra vida secreta. Así que cada vez que algo nos duela, celebrémoslo, porque ahí está el punto desde donde puedes renacer.

Y cuando sí nos planteamos objetivos, a veces no los alcanzamos por falta de un plan. Está muy bien soñar y está muy bien definir objetivos prácticamente imposibles, pero la realidad es la realidad, y ésta debe ser nuestro punto de partida. (Entiéndase bien: la realidad debe ser el punto de partida para alcanzar los objetivos, no para plantearlos.) Hay que ser realista, práctico. Una vez hemos definido nuestro objetivo, tenemos que visualizar el trayecto que debemos recorrer para alcanzarlo y dividirlo en etapas, marcando los objetivos de cada una de ellas.

Sin embargo, ni la mejor definición de objetivos ni el mejor plan de actuación ha movido jamás a nadie, de la misma manera que el mejor y más detallado mapa de una montaña no ha llevado a ningún alpinista a ningún pico. Sólo la acción constante puede acercarnos realmente a nuestro objetivo. Y hay que moverse muy atentamente.

En primer lugar, después de plantear un objetivo hay que descubrir los beneficios de conseguirlo, tanto lo que se puede perder si no se consigue, y lo que se puede perder en el peor de los escenarios en los próximos tres, cinco o diez años –y esto puede llegar a ser muy duro–. No se trata de tener en cuenta lo que puedes perder en el camino hacia el logro de tu objetivo, sino lo que no tendrás tras haber fracasado en la consecución de éste. ¿Cómo será mi vida si no consigo ser el entrenador que quería ser? Hay que atreverse a contestar esta pregunta.

Alejarse del dolor y acercarse al placer son dos de los poderosos motores que nos impulsan a actuar. En realidad, lo que de verdad nos pone en acción es la necesidad de alejarnos del sufrimiento. Por ello terminamos con una relación o dejamos un trabajo, cuando la situación se vuelve insoportable. Luego, cuando vamos alejándonos del dolor, llegamos a un punto muy peligroso, ese en el que nos sentimos relativamente a gusto: ya no sentimos dolor pero tampoco placer, y entonces nos relajamos un poco, ya no nos movemos tanto porque «así se está bien». En ese momento, tiene que aparecer una visión fascinante del futuro para que nos pongamos nuevamente en marcha. Dolor y placer son como dos imanes: uno te repele y otro te atrae.

Además de tener claro lo que ganaremos y lo que perderemos según consigamos o no nuestro objetivo, hay que hacer una previsión de los obstáculos con los que nos podemos encontrar. Esta previsión es importante porque muchos de los obstáculos acaban con nuestro esfuerzo simplemente porque no los supimos ver a tiempo o ni siquiera llegamos a identificarlos, y no se puede superar lo que no se reconoce.

> **«El cambio de rumbo se produce en un instante, ese en el que decidimos sinceramente que vamos a conseguir aquello que tanto deseamos»**

Posiblemente, la parte más importante del plan para alcanzar los objetivos sea descubrir qué habilidades nos faltan para sobrepasar los obstáculos, es decir, en quién tengo que convertirme y qué tengo que cambiar en mí. Esto es lo más fascinante: cómo somos capaces de transformarnos por un objetivo extraordinario.

Finalmente, hay que tener presente que no podemos cambiar nuestra vida de la noche a la mañana, que los grandes cambios son paulatinos. Pero sí que podemos cambiar la dirección de nuestra vida. El cambio de rumbo se produce en un instante, ese en el que decidimos sinceramente que vamos a conseguir aquello que tanto deseamos; conseguirlo lleva algo más de tiempo.

Es posible que mientras nos dirigimos hacia nuestro objetivo tengamos que cambiar los vehículos que pensábamos que nos acercarían a él, o incluso puede ocurrir que cambien los objetivos intermedios, los de cada etapa. Pero si el objetivo está bien definido, estos cambios no serán más que parte del juego.

Mi objetivo final siempre ha sido el público. Ganar títulos y premios está muy bien, pero esos logros significan para mí siempre la posibilidad de hacer vibrar al público, de emocionarlo. Ver cómo la gente vibra y se emociona no tiene precio. Hacerla un poco más feliz de lo que estaba al entrar y hacer que salga transformada. Hacer que quienes pagan una entrada para vernos se sientan orgullosos de nosotros y nuestro esfuerzo, y salgan motivados para encarar una semana de mejor humor. Y de esta manera inspirarlos a que ellos se la jueguen en su día a día tanto como nosotros nos la jugamos en el campo.

6. En quién te conviertes

Hace unos meses me invitaron a dar una charla a los alumnos de la Escuela Universitaria de Óptica de Terrassa, en su ceremonia de graduación. Después de que me presentaran, lo primero que dije fue lo siguiente:

—Probablemente, os estaréis preguntándo qué tiene que explicaros un entrenador de balonmano en esta ceremonia, ¿no? Pues bien —continué bromeando—, yo tampoco lo sé exactamente.

La mayoría de los asistentes esbozó una sonrisa y alguno incluso rió un poco más fuerte. Sin embargo, los integrantes de la mesa presidencial mostraron una cara de sorpresa, lógica, puesto que ya habíamos pactado los contenidos de mi charla. Un guiño mío los tranquilizó.

—Pero lo que sí puedo explicaros —continué— es por qué acepté la invitación en apenas diez segundos el día que me llamaron.

Entonces les hablé de mi diario, que es diferente de los demás diarios... Nunca anoto las cosas que me ocurren, sino que anoto en él las cosas que quiero que me ocurran. Y les dije:

Jugar con el corazón

—Hace aproximadamente dos meses, una mañana, estaba revisando algunas de las páginas de mi diario. Durante unos diez minutos, me detuve en una que había escrito hacía unos tres años, justo después de ganar la Champions del 2005. En esa página apunté una serie de notas sobre las cosas importantes que había aprendido durante esos dos años y que me gustaría explicar a mis alumnos de la Facultad de Educación Física y Deporte, cuestiones que van más allá de los apartados técnicos y que tienen mucho más que ver con la relación esfuerzo-recompensa, la formación académica-formación personal, la importancia de la pasión, de la autodisciplina, el coraje, la fe en uno mismo… y en el encabezado de esa página había escrito: «Ceremonia de graduación de los alumnos del Instituto Nacional de Educación Física de Cataluña». Estaba completamente absorto imaginando lo que les diría a mis alumnos, cuando el timbre del teléfono me sacó de ese trance. Al descolgar, me quedé helado. La voz en el otro lado me estaba invitando a este acto. Acepté al instante.

> **«A la semana siguiente de cualquier logro, éste ya es pasado. Entonces, sólo queda la persona en quien te has convertido»**

Y decidí compartir con esos jóvenes de Terrassa una idea sobre la que estaba reflexionando cuando sonó el teléfono: no se trata de ganar sino de tener la capacidad para volver a ganar. Ganar está muy bien, esa sensación de euforia y orgullo, las felicitaciones, las entrevistas son agradables y generan una buena dosis de autoestima que siempre va bien. Pero la alta competición tiene una cosa terrible: a la semana siguiente de cualquier logro, éste ya es pasado. Entonces, sólo queda la persona en quien te has convertido.

> «El éxito en el deporte no se persigue, sino que se atrae por quien te conviertes día a día»

El objetivo de cualquier equipo no debe ser solamente ganar un partido o un campeonato, sino merecer ganarlo. Ganar depende de muchos factores, algunos de los cuales no son controlables: una lesión el día del partido, un viaje accidentado que no te permite descansar bien, una decisión determinada de los árbitros que te puede poner nervioso… ganar es muy difícil. Pero lo que sí podemos hacer es trabajar cada día para merecernos ganar ese campeonato, para construir un equipo que merezca ser campeón. El éxito en el deporte no se persigue, sino que se atrae por quien te conviertes día a día. Merecer ganar siempre depende de nosotros, ganar no. Y por eso mismo ganar no es suficiente, hay que ganar y haberlo merecido. Claro que hay equipos que ganan sin merecerlo, pero ¿cuántas veces más ganan?

¡Qué equivocados están los entrenadores que protestan continuamente para presionar a los árbitros! Lo peor que les puede ocurrir es que realmente les hagan caso, porque entonces el equipo no utilizará todos los recursos de los que dispone, y éstos, por falta de uso, se irán atrofiando.

Jugar con el corazón

Los problemas están precisamente para que nos convirtamos en alguien distinto. Mi hijo Pol me decía que los problemas que le daban en la escuela para resolver eran muy difíciles. «No», le decía yo, «lo que ocurre es que te falta la capacidad para resolverlos. No pidas que sean más fáciles, exígete tú desarrollar la capacidad que te falta».

Cada problema con el que nos enfrentamos contiene la semilla de nuestro crecimiento; depende de nosotros cultivarlo.

Pescar, mejor que cazar

Cinco o seis veces por semana voy al gimnasio que tengo cerca de casa. No hay día que entre a la sala y no esté mi amigo David. Aunque no es un culturista profesional, su cuerpo está precisamente esculpido por las horas que ha pasado en el gimnasio. Un día, en que lo encontré acabando una serie de bíceps con una pesa descomunal, bromeando, le comenté:

–¡Menudo bíceps, tío! ¿Cómo lo haces para tener esa fuerza?

Él me miró sonriendo y me contestó:

–Tú eres licenciado en Educación Física y ya lo sabes. Es sencillo. No es fácil, pero es sencillo.

–A ver, dime –le contesté.

–Pues mira, ¿ves todas esas pesas? –dijo señalando una fila de mancuernas que empezaba en los 12 kilos y acababa en los 36.

En quién te conviertes

—Sí —asentí con la cabeza.

—Pues el primer día empiezas con la primera, y cuando ya no te cuesta demasiado, coges la segunda, y así sucesivamente —dijo mientras su voz y su cuerpo se iban haciendo mayores, como si las estuviese levantando de verdad—. El truco está en levantar cada vez más... hasta levantar esas que asustan a la gente, y seguir levantando más y más. Cuanto mayor el peso, mayor es la fuerza que tienes que hacer, y más grande el músculo se hace.

David había convertido en reto lo que suele asustar a la gente. Las pesas no eran problemas para él, sino oportunidades para hacer crecer sus músculos. Cuanto mayor el peso, y cuanto mayor la fuerza necesaria, más músculo. Cuanto mayor es la resistencia, más fuerza genera, más crece el músculo. Ésta es la metáfora perfecta de este capítulo. No pidas que el problema sea más fácil, que el equipo adversario juegue mal: concéntrate en desarrollar nuevas habilidades.

Solía decir a los jugadores: «Tenemos que merecernos los partidos, ganar tiene que ser obligatorio». A los estudiantes del INEF, medio en broma medio en serio, les decía: «Haz una descripción de la chica de tus sueños y transfórmate en la persona de quien esa chica se enamoraría; no puedes ir persiguiéndola por la vida, tienes que atraerla. Es decir, no hay que cazarla, hay que pescarla. Cuando cazas, los animales huyen; los peces, en cambio, van hacia el anzuelo». Hay que merecerse el triunfo.

Mejórate. Transfórmate. Crece

En la primavera del año 2004 apareció ante mí la posibilidad de hacer realidad un sueño que había perseguido y para el que me había estado preparando durante casi veinte años: entrenar al equipo profesional de balonmano del FC Barcelona. Desde que a los 22 años había dejado de jugar y me había dedicado a entrenar, me planteé cada año como un año de crecimiento. Asistí a innumerables congresos y másteres en alto rendimiento deportivo, *clínics* (como se llaman a los encuentros de entrenadores) de balonmano, baloncesto, fútbol... incluso fútbol americano, y a seminarios de todo lo que creía que me podía mejorar como profesional (aprendí sobre motivación, negociación y otros temas en varios lugares de Europa y Estados Unidos). La mayoría de estas acciones pertenecían en ese momento a mi vida secreta. Mi preparación era silenciosa.

En ésas estaba cuando me surgió la oportunidad de entrevistarme con el presidente del club. Yo tenía la impresión de que la información que él tenía de mí era limitada, porque no comprendía muchas de las habilidades que había desarrollado como consecuencia de mis acciones formativas, así que decidí demostrarle que el Xesco actual y el que él posiblemente tenía en mente eran personas diferentes. Por eso las palabras con que me presenté en su despacho fueron:

—Hola, presidente. Gracias por recibirme. Vengo a que conozcas al Xesco 4.1 porque creo que sólo tienes información del Xesco 3.2.

En quién te conviertes

–¿Cómo? –dijo absolutamente sorprendido.

–Sí. Yo soy como un software, que se actualiza cada año, en una versión mejor, y me gustaría que conocieses la última, la más completa.

–A ver, a ver, siéntate y explícame, que esto parece que me interesa.

Una hora después, prácticamente habíamos acordado que yo sería el entrenador el siguiente año.

A menudo utilizo esta metáfora de las actualizaciones de un software para referirme a la importancia de mejorar día a día. Y debo confesar que los números de las versiones con las que me presenté no son más que mi edad, separando los dos dígitos por un punto.

Lo importante de la anécdota es que no hay que dejar de formarse, y me refiero tanto a la formación académica, con la que decides, más o menos, en qué ámbito te ganarás la vida, qué margen de ingreso tendrás, y que requiere una actualización permanente, como a la formación personal –disciplina, motivación, seriedad–, que determina en qué nivel dentro de ese margen de ingresos te encontrarás. En definitiva, lo que marca la diferencia entre dos profesionales brillantes son sus cualidades personales.

Cuando era preparador físico en el equipo profesional, yo quería ser entrenador, y preguntaba a los jugadores qué era lo más importante para ellos en un entrenador. Lo que me respondían más frecuentemente era que sea muy bueno tácticamente y que sepa mucho de balonmano. Así que lo que hize fue estudiar todo lo que pude de balonmano, y de otros deportes.

Pero después me di cuenta de que los jugadores no siempre hacen lo que tienen que hacer por más que sepan que es bueno para ellos, y que a mí no me iban a juzgar por lo que yo supiera, sino por los resultados del equipo, así que no tenía sentido seguir estudiando el deporte si no estudiaba también cómo desarrollar mi capacidad para influir en ellos. Decidí entonces estudiar psicología, y especialmente técnicas de negociación.

Cuando me enteré de que un colaborador de Jim Camp venía a dar un curso de negociación, no dudé en apuntarme. Su método es muy diferente al clásico *win-win* (en el que casi siempre el grande gana mucho y el pequeño, poco). El curso era muy caro, duraba sólo un fin de semana y éramos diez alumnos, pero me apunté. Tras las presentaciones, cada uno describió a qué se dedicaba, y después de que yo explicase que era el preparador físico de un equipo de balonmano, mostraron una perplejidad enorme.

—¿Tú qué vendes? Yo vendo pisos; él vende acciones, él coches... pero tú quieres ser entrenador, ¿para qué haces este curso si no vendes nada? —me preguntaron.

—Yo vendo ideas, proyectos y ahora un programa físico, y mis clientes no me pagan con dinero, sino con su esfuerzo al ciento por ciento, así que imaginaos si tengo que ser un negociador experto.

Ese curso valió muchísimo la pena, aprendí mucho, entre otras cosas, que sólo se puede negociar desde el campo

En quién te conviertes

del adversario, que si quieres conseguir algo de los demás, sólo lo puedes hacer teniendo en cuenta los beneficios que ellos obtendrán.

Cuando en los cuartos de final que jugamos en Kiel, Alemania, faltaban tres minutos e íbamos perdiendo por un gol, pedí tiempo muerto y me dirigí a los jugadores: «Cuidado, porque éstos son los tres minutos más importantes del partido, no echemos por tierra lo que nos ha costado cincuenta y siete minutos. Cuidado con no perder balones, para que no nos metan goles».

En tres minutos, perdimos tres balones y perdimos por cuatro goles.

Fue mi error. Yo les dije lo que iba a ocurrir, pero no les dije qué hacer para que eso no ocurriera o qué hacer si eso ocurría.

Dos eliminatorias después, jugamos la final en el campo del Ciudad Real. Estábamos perdiendo por un gol y faltaban dos minutos, paré el partido y les dije: «Vigilad y acordaos de Kiel; es el punto perfecto para perder dos o tres balones. Los extremos no juguéis en el corner, quiero que lo hagáis aquí atrás, porque así tendréis menos distancia para detenerlos si el otro equipo nos hace contraataque».

Perdimos tres balones, nos hicieron dos contraataques y los extremos interceptaron el pase. Perdimos sólo por un gol.

No ganamos, pero al menos aprendimos de los errores. Crecimos.

Hay quienes piensan que es hora de que les aumenten el sueldo, y se proponen negociarlo, lo que muy pocas veces sale bien. Si quieres aumentar tus ingresos, en vez de ocuparte de negociar un aumento de sueldo, ocúpate de crecer, de transformarte, de manera que añadas valor a los que te rodean. El aumento ya vendrá.

Tal vez conozcas el principio de Peter, según el cual en una organización jerarquizada todo individuo asciende hasta llegar a su nivel de incompetencia. Es decir, cuando un empleado destaca en un determinado nivel de la empresa, es el primer candidato a ascender de categoría cuando hay una vacante en un puesto superior. Si vuelve a resolver con eficacia sus nuevas tareas, posiblemente sea nuevamente promocionado... hasta llegar a un nivel en el que ya no sólo no se luce, sino que es incapaz de resolver sus tareas y ya no asciende mas... conviertiéndose, en el fondo, en un incompetente para ese lugar.

¿Cómo romper este principio? Con la autoformación. Todos sabemos que para estar donde estamos hemos tenido que esforzarnos, estudiar, acumular experiencias nuevas, etc., pero cuando alguien es promocionado suele sentir que «ya ha llegado», y entonces se relaja y deja de crecer. Gran error. ¡La formación o autoformación no debe detenerse jamás!

En quién te conviertes

Trabajar gratis a veces sale a cuenta

Se trata no sólo de mejorar y crecer como profesional y como persona, sino de ser generoso con tus talentos. Sí, a veces, hay que hacer las cosas sin esperar nada a cambio. Hubo un tiempo en que ayudaba a un amigo a preparar sus conferencias. Algunos amigos me decían que era un tonto al perder tiempo ayudándole y hacerle gran parte de su trabajo. Yo no lo veía así. Gracias a ayudarlo ejercité y desarrollé en mí la capacidad de hacerlas yo actualmente, y ganar dinero yo también. Y eso es lo que cuenta. Si no me hubiera preparado para dar conferencias, no podría haberlas dado cuando tuve la oportunidad de hacerlo. Y la preparación incluye también hacer cosas gratis, para las que no hay una recompensa inmediata, pero ganas en experiencia.

> «Nuestros ingresos económicos rara vez superan el valor que damos a nuestro entorno. Para tener más primero debemos dar y ser más»

Además, ser generoso ayuda a poner en práctica la capacidad de dar servicio, algo que siempre es muy rentable, porque la gente paga a quien soluciona problemas. En nuestro lugar de trabajo, ¿somos vistos como un problema o una solución? En función de eso, seremos remunerados. Nuestros ingresos económicos rara vez superan el valor que damos a nuestro entorno. Para tener más, primero debemos dar y ser más.

Jugar con el corazón

Todas las historias de los grandes héroes reflejan que éstos acaban consiguiendo su objetivo no por el valor demostrado en la lucha por conseguirlo, sino porque han sabido transformarse mientras tanto. Creo que la siguiente historia lo ilustra muy bien.

Un estudiante de biología está en el laboratorio con su profesor. Analizan el proceso por el que los gusanos de seda se convierten en mariposas. Diez capullos han empezado a romperse y, poco a poco, van abriéndose.

Cuando quedan tres capullos por romperse, el profesor dice al alumno:

—Tengo una reunión, te dejo aquí para que los vigiles. Yo vuelvo en menos de una hora.

Minutos después, se abre un capullo más y la mariposa sale volando. Luego, otro capullo se abre otro y otra mariposa sale de su interior.

Pasa media hora y el último capullo aún no se ha abierto. El alumno se preocupa, «vendrá el profesor y este capullo aún sin romperse, va a pensar que he hecho algo», reflexiona, así que coge un cúter y le hace un pequeño corte al capullo para ayudarlo. La mariposa despliega las alas, arranca a correr pero es incapaz de levantarlas... y no puede volar. «A ver si le habré cortado un nervio...», se preocupa.

Llega el profesor y le pregunta cómo ha ido, el alumno responde:

—Bueno, bien, sí... todos han salido... menos éste, que no vuela.

En quién te conviertes

–¿Ha ido todo normal? –pregunta el profesor.

–Bueno, nada malo, al contrario, lo he ayudado un poco a romper el capullo, porque pensé que la mariposa podría morir si no intervenía… pero tal vez le he roto un nervio o una ala…

–No les has roto un ala, pero la has hecho una inútil de por vida. Porque la mariposa, gracias al esfuerzo que hace para romper el capullo, consigue que las alas se irriguen con sangre y pueda usarlas. Si no es ella la que rompe el capullo, ya no va a poder volar.

¡Uf! Esta historia me encanta, pero tiene varias enseñanzas difíciles de aceptar: no podemos hacer el trabajo por los demás, no podemos dejar que los demás hagan el trabajo por nosotros y no podemos evitar el dolor y el esfuerzo.

7. Cómo trabajar en equipo

Si hubiese un ránking de las competiciones que hayan mostrado una necesidad imperiosa de trabajar en equipo, creo que el Eco-Challenge estaría entre los primeros lugares. El Eco-Challenge fue una competición anual (1995–2002) entre equipos de diferentes países, formado por cuatro componentes y obligatoriamente mixtos. Durante 24 horas al día y a lo largo de unos 500 kilómetros debían participar en disciplinas como el trekking, montar a caballo, ir en canoa, montañismo, mountain-bike... en cualquier medio natural y retransmitidos por televisión.

La edición de 1997 vivió un episodio sin precedentes. El East Team Wind, equipo representante de Japón, jamás había conseguido anteriormente acabar la durísima competición que ese año se desarrollaba en Australia. Uno de los componentes del East Wind Team sufrió un grave esguince en el tendón de Aquiles que le obligaba a arrastrar el pie al andar. Por delante les esperaban todavía casi un centenar de kilómetros cuando el equipo médico, en uno de los puntos de control, les aconsejo abandonar.

Jugar con el corazón

Haciendo gala del espíritu de equipo, y del espíritu Eco-Challenge, los otros tres componentes del equipo se conjuraron para llevarlo a cuestas cuando no pudiese seguir caminando. Generosidad en el esfuerzo por parte de los compañeros, humildad por su parte para dejarse ayudar, compromiso con el equipo para llegar a la meta por parte de todos y un entusiasmo inspirador les permitieron acabar la jornada.

Humildad, generosidad, compromiso y entusiasmo son las verdaderas claves para trabajar en equipo. Además de un objetivo común, ayudar a los demás cuando estás bien y dejarte ayudar cunado no lo estás, comprometerte incluso cuando las cosas ya no son divertidas y contagiar con tu entusiasmo a los demás hacen que un grupo se convierta en un equipo.

Humildad y generosidad

A finales de diciembre del 2006, jugamos el partido de liga frente al Ciudad Real. Fue un partido duro, sobre todo porque aún estaba muy presente nuestra victoria en la final de la Champions del año anterior. En un momento del encuentro, y después de múltiples encontronazos y tensiones, se formó una pequeña tangana. Casi sin darnos cuenta, en pocos segundos estábamos los dos equipos dentro de la pista, lo que acabó con una sanción temporal a varios jugadores y la descalificación al entrenador del Ciudad Real.

Cómo trabajar en equipo

A los pocos días, con la repercusión que tuvo el incidente en la prensa y la presión de algunos estamentos deportivos, sancionaron con dos partidos al entrenador del Ciudad Real y a un jugador nuestro, acusado de intentar pegar a un integrante del otro equipo. Por supuesto, presentamos un recurso para intentar que la sanción fuese anulada, pero no lo conseguimos y tuvo que estar dos partidos en la grada.

Entonces, llegó a mis oídos que un grupo de jugadores reclamaba una sanción interna para el jugador de nuestro equipo. Según nuestro reglamento interno, se castigaba al jugador al que le sacaban una tarjeta roja por participar en una pelea durante un partido, pero no teníamos ninguna sanción contemplada si ésta era posterior al encuentro, producto de un análisis del vídeo del comité de competición.

A mí me parecía injusto modificar una regla interna y aplicarla con efectos retroactivos, sin pactarla con los capitanes, como habíamos hecho con todas las reglas. Además, él había sido siempre un jugador ejemplar en cuanto a su dedicación y compromiso, que se entregaba al ciento por ciento en cada sesión de entrenamiento y en cada partido. Y lo que más me sorprendió y molestó fue la falta de espíritu de equipo. No podía entender que los propios jugadores reclamasen una sanción para un compañero. Esa conducta era propia de un grupo pero no de un auténtico equipo. Reuní a todos los jugadores y les dije:

—Ha llegado a mis oídos que algunos de vosotros estáis extrañados porque no he sancionado a vuestro compañero y que algunos querríais que lo hiciese. ¡No me lo puedo creer!

Jugar con el corazón

¿Qué clase de equipo es éste? ¿Qué clase de compañeros sois que pedís que sancione fuertemente a uno de vosotros? En primer lugar, lo que ha ocurrido no está contemplado en nuestro reglamento, ya que él no fue descalificado durante el partido. Si le pongo la multa y él se queja a los capitanes, tendré que quitársela con toda la razón del mundo. En segundo lugar, vuestro compañero ha sido siempre un ejemplo de dedicación al entrenamiento y al equipo. Así que todavía veo menos motivos para crear ahora una nueva regla. Y en tercer lugar, y para mí lo más importante, creo que como equipo debemos asumir todos juntos lo que le ocurra a cualquiera de sus integrantes. Él sabe que lo que hizo no está bien. ¡Él es el primero en lamentarlo! Pero si éste fuese un verdadero equipo lo que haríamos sería decirle: «No te preocupes más; lo hecho, hecho está, pero todos tus compañeros vamos a luchar el doble y lo que sea necesario para ocupar también tu sitio, para que no se note tu ausencia. Porque sabemos que tú lo harías por nosotros si la situación fuese al revés».

Esta anécdota no tendría sentido sin lo que pasó al año siguiente.

La Copa del Rey se jugó en Altea. Ocho equipos participaron en ese torneo, que constaba de tres eliminatorias. Al final del segundo partido, ese mismo jugador, que se retiraba aquel año, se quedó hablando con los árbitros. Cuando me dieron el acta, leí que le habían sacado tarjeta roja en el vestuario por alguna razón a consecuencia de ese diálogo.

–¿Qué les has dicho? –le pregunté enseguida.

–Nada.

–Cómo que nada. Te han sacado roja, te van a poner un partido como mínimo.

–¡No! ¿Por qué? No me han entendido, vamos a hablar con ellos.

Fuimos a hablar, pero no conseguimos nada y le pusieron un partido de sanción y al día siguiente no pudo jugar en la final. Reuní al equipo y les dije:

–Es un jugador importantísimo, pero tenemos que arreglarlo. Su lugar lo vas a ocupar tú –dije señalando a uno de los extremos–, vamos a trabajar para solucionarlo.

Al día siguiente, su lugar fue ocupado por su compañero de habitación, un versátil extremo que estuvo extraordinario, como el resto del equipo. Dominamos el partido de principio a fin y ganamos el título.

La situación era parecida a la del año anterior, pero la respuesta del equipo fue absolutamente diferente. Los jugadores decidieron dedicar el partido al jugador sancionado, ya que era su última oportunidad de ganar un título.

A la hora de ir a buscar la copa, David, nuestro capitán y el encargado de recoger siempre los premios en nombre del equipo, cedió el lugar a su compañero, para que fuese él quien recibiese el honor.

Tengo que reconocer que se me formó un nudo en la garganta, por la emoción de alegría, cuando lo vi. Y eso mismo me ocurre cada vez que lo recuerdo.

Jugar con el corazón

Los integrantes de un equipo necesitan, entre otras cualidades, humildad y generosidad. Cuando uno de ellos no está lo suficientemente bien, debe ser lo suficientemente humilde como para reconocerlo y dejarse ayudar. Y entre los jugadores altamente competitivos, eso no es nada fácil, ya que su ego los hace creerse infalibles, creencia que justifican con sus éxitos anteriores.

Paralelamente, los jugadores que en ese momento están mejor, deben ser generosos y ayudar a los demás pensando en el interés del equipo, sabiendo que el día que ellos no estén bien, los demás estarán para ayudarles.

Humildad para reconocer errores y dejarse ayudar, y generosidad para hacer el trabajo de los demás si hace falta. Porque nadie es perfecto y nadie puede jugar siempre al ciento por ciento. No es fácil mantener el nivel de rendimiento siempre al máximo. Todos cometemos errores o sencillamente no llegamos a todo.

> **«Humildad para reconocer errores y dejarse ayudar, y generosidad para hacer el trabajo de los demás si hace falta»**

Cuando era adolescente, solía irme de excursión con los amigos, muchas veces por la comarca catalana del Alt Urgell, que es donde solía pasar mis vacaciones. Íbamos siempre andando en el mismo orden: los menores delante y los mayores atrás, así éstos cuidaban a los pequeños y caminaban a su ritmo. Pero cuando faltaba poco para llegar al sitio, los cinco o seis del final se adelantaban y salían corriendo para llegar antes al destino, dejar sus mochilas y todo el material, y volver a recoger las mochilas de los más pequeños.

¡Qué bonita lección eran esos días! Trabajar en equipo demanda generosidad en el esfuerzo y en el servicio a los demás.

Cuando estamos más en forma que los demás, o en una posición ganadora, debemos ponernos al servicio del equipo y ayudar al más débil recordando que, de la misma manera que una cadena es tan débil como lo es su eslabón más débil, el integrante más débil determina la fuerza del equipo. Por eso el rival siempre busca tu punto débil, porque desde él podrá romper a todo el equipo. Y si el rival no detecta el punto débil, irá atacando en diferentes puntos, rebotará en los fuertes pero terminará por dar con el débil, y por ahí meterá los goles. Un equipo a veces se comporta como un castillo de naipes: si tocas uno, se caen todos. El equilibrio es muy delicado.

Para mantener el equilibrio, los equipos necesitan objetivos comunes. Y esto que parece muy obvio no es muy frecuente ni fácil de conseguir, porque a cada uno le motivan sus intereses individuales.

Creo que la solución pasa por diseñar los objetivos del grupo de modo tal que los objetivos individuales salgan reforzados trabajando en equipo. Los integrantes deben darse cuenta de que consiguiendo los objetivos del equipo consiguen también los propios. Ya lo decía Michael Jordan:

«Cuando un equipo gana, las carreras de los jugadores del equipo se potencian todas. Cuando un equipo pierde, aunque un jugador destaque no llega muy lejos, porque viene de un equipo perdedor».

Compromiso

«Tres minutos para la mayor batalla de nuestras vidas profesionales. Todo se define hoy: nos curamos, como equipo, o nos derrumbamos. Centímetro a centímetro, jugada a jugada, hasta el final. Estamos en el infierno, ahora mismo, caballeros. Creedme. Y podemos quedarnos aquí, que la mierda nos saque a patadas, o podemos luchar por nuestro regreso a la luz. Podemos salir trepando del infierno. Una pulgada cada vez.

»Ahora, yo no puedo hacerlo por vosotros, soy demasiado viejo. Miro a mi alrededor, veo estas caras jóvenes y pienso. He cometido todos los errores que un adulto puede cometer: despilfarré todo mi dinero, créase o no, espanté a todos los que alguna vez me amaron, y últimamente no puedo ni soportar la cara que veo en el espejo. Saber envejecer implica quedarse sin ciertas cosas –es parte de la vida–, pero uno sólo lo aprende cuando empieza a perderlas. Descubres que la vida es un juego de pulgadas, y también el fútbol, porque en ambos juegos, la vida o el fútbol, el margen de error es tan pequeño, es decir, medio pase atrasado o adelantado, y no lo logras, medio segundo de más o de menos y no la atrapas,

Cómo trabajar en equipo

las pulgadas que necesitamos están todas a nuestro alrededor, en cada pausa del juego, cada minuto, cada segundo. En este equipo, peleamos por esa pulgada. En este equipo, nos hacemos pedazos por esa pulgada. Clavamos las uñas por esa pulgada. Porque sabemos que cuando sumemos todas esas pulgadas, eso hará la diferencia entre ganar o perder, entre vivir o morir. Os digo: en cualquier pelea, el tipo que esté dispuesto a morir es el que ganará esa pulgada. Y yo sé, que si algo de vida me queda, es porque aún estoy dispuesto a morir por esa pulgada. Porque eso es lo que significa vivir: las tres pulgadas que tienes frente a ti. Ahora, yo no puedo obligaros a hacerlo. Tenéis que mirar a vuestro compañero, mirarlo a los ojos, veréis a alguien que recorrerá esa pulgada con vosotros, veréis a alguien que se sacrificará por este equipo porque sabe que, llegado el momento, vosotros haréis lo mismo por él. Eso es un equipo, caballeros. Y, o bien nos curamos ahora, como equipo, o moriremos como individuos. Esto es el futbol, tíos. Esto es todo lo que es.»

Este texto es el discurso del entrenador de fútbol americano interpretado por Al Pacino en *Un domingo cualquiera*. Casi todos los entrenadores conocen este texto. Además de ser profundamente motivador, insiste en que los objetivos individuales se consiguen cuando se logra el objetivo común y en la necesaria complicidad y el compromiso que debe existir en un equipo.

El compromiso aparece cuando la diversión se acaba. Competir y estar comprometido cuando se va ganando, jugar en equipo, es relativamente fácil, pero cuando las cosas se tuercen, los que no están comprometidos buscan los culpables fuera, aflojan la marcha, dejan de creer en los objetivos comunes y se refugian en los individuales y no dan el ciento por ciento de su capacidad. Sólo los que están comprometidos enfocan en el equipo cuando las cosas van mal. Como en las relaciones de amistad y de pareja, el compromiso se demuestra cuando las cosas no funcionan bien.

En el verdadero trabajo en equipo siempre se genera una especie de orgullo por pertenecer a él, no por el rol que uno tiene en él, sino por ser parte de ese equipo en particular. Este sentimiento de pertenencia da una fuerza imparable.

Recuerdo el último partido de mi segundo año. Jugábamos en Almería y si ganábamos el encuentro, ganábamos la liga. De 27 partidos, habíamos ganado 25. Y aquél no era difícil. Por la época del año en que estábamos, había jugadores que ya sabían que al final de la temporada se iban. Después de comer, mandé un mensaje con el móvil a todos los jugadores: «Nuestros nombres pasarán, nuestros destinos se perderán pero lo que consigamos esta tarde permanecerá en nuestra memoria para el resto de nuestras vidas».

Y ganamos el partido y la liga.

«El compromiso aparece
cuando la diversión se acaba»

Entusiasmo

Un día, al final del entrenamiento, cuando ya estaban haciendo estiramientos, dos jugadores se pusieron a discutir por pequeñeces, comenzaron a levantar la voz y la discusión se convirtió en algo muy molesto. Ese día había prensa que presenciaba el trabajo del equipo y yo no quería que la pelea trascendiese la sesión de entrenamiento. Así que decidí cortar la actividad física y pedí a todos los jugadores que fueran al vestuario. En realidad, no tenía ni idea de lo que les diría, pero tenía que frenar la situación. Pero como cuando hay un problema en el equipo siempre la solución pasa por reforzar la identidad, decidí hablarles de ella. El capitán me ganó de mano:

—No tenemos por qué ser necesariamente amigos; estamos en un equipo; cuando estemos en el campo luchando, a muerte todos a una, pero cuando salgamos tampoco hay que ser amigos, no pasa nada.

—Tienes razón —dije—, podríamos funcionar así, pero no olvidéis nunca que si algo hemos logrado ha sido porque hemos sido algo más que compañeros. Y además este año vosotros dos habéis dormido casi tantas horas juntos como con vuestras mujeres. No me diréis que por una tontería, que no quiero saber, vamos a romper la armonía que conseguimos.

A los cinco minutos estaban tomándose una cerveza.

Si hay un espíritu de equipo, puede que se produzcan roces, pero el equipo se mantiene a flote.

«Si hay espíritu de equipo, puede que se produzcan roces, pero el equipo se mantiene a flote»

El año que ganamos la Champions, los jugadores salían a cenar juntos todos los jueves. Yo me enteré de esto cuando ya llevaban mucho tiempo haciéndolo. Era una cena sólo para ellos, de jugadores.

El espíritu de equipo hace que la relación entre sus miembros se transforme en algo más que compañerismo. Y esto se nota cada día.

Un grupo es un conjunto de individuos, mientras que un equipo es mucho más que la unión de sus miembros. Es como una cuerda, que está formada por muchos hilos, cada uno de los cuales es delgado y frágil, pero cuando se juntan y se tuercen se crea una cuerda, mucho más resistente que la simple unión de los hilos.

Es cierta esa frase que reza «un equipo es un estado de ánimo». Un equipo ganador se distingue por un aura especial, esa actitud de seguridad, entusiasmo, confianza y alegría que comparten todos los integrantes. Así como en una persona exitosa, el entusiasmo es una señal de identidad de un equipo verdadero, de que existe comunión entre sus jugadores. Y si algo tiene de bueno el entusiasmo es que es contagioso.

El entrenador tiene que ser el primero preocupado por contagiar entusiasmo, ya que a él no lo juzgan por lo que sabe sino por lo que hacen los jugadores. Y el ejemplo personal y la proximidad física son los vehículos de contagio más poderosos.

Con entusiasmo, todo es posible; sin entusiasmo no hay nada posible. Porque el entusiasmo también tiene algo malo: su ausencia también se contagia. En cuanto hay algún jugador desganado...

Tan importante es para mí mantener el entusiasmo en el equipo que cuando era entrenador del equipo junior, así como había dos jugadores encargados de recoger los balones, otros de llevar los petos a lavar, etc., delegué en dos jugadores la responsabilidad del ánimo del equipo. Cada semana, rotativamente, dos jugadores estaban encargados de que en todo momento el ánimo del equipo y sus componentes fuese elevado; si veían a un jugador un poco desanimado, tenían que levantarle la moral.

El efecto del entusiasmo es la tan publicitada sinergia. Es difícil detectar cuándo surge la sinergia, pero de pronto sucede que un jugador está jugando bien, otro jugador está jugando bien y los dos están jugando extraordinariamente. Y si de repente un jugador falla, otro lo ayuda y compensa el error. La sinergia hace que los errores pasen desapercibidos.

> **«Con entusiasmo todo es posible; sin entusiasmo no hay nada posible»**

Cuando un equipo transmite sinergia, el público reacciona. Es como si se disparasen unos resortes en el inconsciente colectivo. Si un jugador destaca, el público no reacciona de la misma manera, porque asiste al espectáculo de un genio, alguien único, distinto, que posee una habilidad impensable en la gente común, con la que nadie puede sentirse identificado. Pero jugar en equipo y darlo todo por él sí es algo que está al alcance de todo el mundo. Por eso cuando el público ve a un equipo que juega de esta manera, sale del campo con ganas de vivir.

Es cierto que cuando un jugador marca el gol, el público lo aplaude a él, pero en los verdaderos equipos ese jugador siempre señala y agradece a quien le ha pasado el balón. El que pasa el balón cede parte del aplauso a ese compañero. En muchos equipos es obligatorio señalar a quién dio la asistencia, es decir, a quien pasó el balón.

En un partido de balonmano hay siete jugadores en el terreno de juego; sin embargo, cuando el público los anima, es como si hubiese un jugador más. Si juegas en casa y con el público, es imposible perder.

Siempre supe que había que hacer participar al público, es una herramienta a la que no se puede renunciar. No se juega para la tele, aunque lo parezca. Por eso decidí contactar con los líderes de los grupos del público (el Sang Culé, la Peña Meritxell, los Dracs…). Además de encontrarnos para cenar antes de algunos partidos importantes, después de cada partido les mandaba un mensaje con un resumen del partido, jugásemos donde jugásemos, para que lo distribuyesen entre todos los del grupo. Incluso les mandaba mensajes antes de algunos partidos, para animarlos también a ellos. Al fin y al cabo, el trabajo de los deportistas profesionales sólo tiene sentido porque la gente los va a ver.

8. Liderar y dirigir un equipo

Era domingo por la mañana. Mi hijo Pol estaba mirando el canal MTV y yo estaba absorto en el estudio de nuestro próximo rival cuando unos acordes del televisor me hicieron desviar la mirada. Dejé los papeles y me senté a su lado. Bruce Springsteen y su banda cantaban *Waiting on a Sunny Day* y me llamó la atención lo bien que se lo pasaba el grupo. No sólo se notaba que ellos disfrutaban actuando, sino que la conexión con el público era electrizante. Mientras pensaba cómo se lo hacía Bruce para tener a la banda tan contenta y al público cantando, vi una bandera volando sobre el escenario que me hizo poner la carne de gallina... era el Palau Sant Jordi, en Barcelona. ¡Bruce Springsteen estaba haciendo sentir a mi gente, a mi público, exactamente lo que yo quería hacerle sentir!

Miré el vídeo una decena de veces para descifrar el código de la conexión. Bruce es realmente el jefe, pero no es el único importante. Todos los integrantes de la banda tienen su momento de gloria en la canción. Todos son importantes. Todos aportan. Todos sonríen. Todos están orgullosos de la canción. Y esa conexión especial que se produce en el escenario se transmite al público que corea, entregado, el estribillo. ¡Qué lecciones de liderazgo! Con la gente así entregada, pensé, es imposible perder. Y me imagine convirtiendo al equipo en la banda y al partido en nuestra canción. Y en hacer participar al público para que cantase y jugase con nosotros. Y esa imagen permaneció en mi mente los tres años que fui entrenador, y actuó como el elemento más motivador: conectar con el publico a través de la actuación del equipo. ¡Ése sería mi objetivo! ¡Eso haría que me levantase a las cinco de la mañana con ganas de comerme el día!

Liderar un equipo es apasionante. Dirigirlo solo es un suicidio. Bruce puede liderar a su banda, pero para liderar al público necesita de ella.

Un entrenador tiene varios equipos conviviendo juntos. El equipo de los jugadores es uno y el equipo de los entrenadores es otro. Dos equipos en uno, al que después se le va a sumar el formado con el público.

Cualquier éxito importante sólo puede ser alcanzado por un equipo. Siempre hay un gran equipo detrás de cualquier logro. Por eso, como líderes, a la vez que nos ponemos un objetivo fascinante, debemos empezar a contar con la formación de uno o varios equipos para alcanzarlo. Equivocarse en esto es empezar a fallar desde el principio.

> «Liderar un equipo es apasionante.
> Dirigirlo solo es un suicidio»

Reclutar gente A

El primer paso para formar el equipo es decidir quién lo forma. Los criterios para seleccionar ayudantes y jugadores creo que debe ser ligeramente diferente.

En capítulos anteriores hablé de tres tipos de personas y profesionales: los que no se enteran de lo que ocurre (llamémoslos C), los que sí se enteran (llamémoslos B) y los que hacen que ocurran cosas (llamémoslos A).

En el equipo de ayudantes hay que optar únicamente por gente A. Gente con iniciativa, con deseo de mejorar profesionalmente, gente que te complemente en tus carencias y gente proactiva. Reconozco que corres el riesgo de que te dejen sin silla, pero creo que es la mejor forma de obtener los mejores resultados de manera inmediata. Y en el deporte, el corto plazo es el único que existe. Además, trabajar con gente excelente nos obliga también a nosotros a no bajar el listón, a no acomodarnos y a estar siempre con nuestro nivel de autoexigencia al máximo.

Para el equipo de jugadores lo ideal sería reclutar el máximo de jugadores A, con un cierto equilibrio de jugadores B.

Lo que jamás hay que hacer en ningún caso es contratar a profesionales C.

El equilibrio también desempeña un papel fundamental. Debemos buscar el equilibrio, aunque esto implique perder a algunos integrantes. Por ejemplo, cuando me hice cargo del equipo, había dos porteros muy parecidos: altos, buenos y porteros de posición, es decir, paraban los balones principalmente por la postura que adoptaban. Cuando decidíamos cambiar al portero porque el otro equipo estaba marcando demasiados goles, era como poner al mismo, porque el otro equipo ya conocía su táctica. Era mejor tener un portero muy diferente; si uno era de posición, había que tener otro más rápido o más astuto. Y por eso decidí sustituir a uno de los dos porteros, no porque fuera malo, sino porque era igual que el otro, por otro con un modelo de intervención diferente. Lo importante era lograr el equilibrio del equipo, para permitir muchas opciones de juego.

Asimismo, procuré que cada posición estuviese cubierta por un jugador internacional y por uno local, para facilitar la conexión con el público. Cuestión de equilibrio otra vez. Por lo menos un A y un B por posición.

A veces, en los equipos de trabajo se aceptan integrantes no por su valía profesional, sino para darles una oportunidad. Creo que esto es un error. Si quieres ayudar a alguien, ayúdalo directamente, pero no cometas el error de integrarlo en un equipo con el que esperas resultados de excelencia. No integres en tu equipo a nadie por generosidad. Busca A, tal vez no encuentres todos A y haya algún B, forma el equipo con los mejores, logra resultados y luego ayuda a quien quieras, pero no pongas C en el equipo porque así nunca conseguirás resultados.

Finalmente, un equipo debe tener talento y corazón, ambos ingredientes en proporciones iguales. El corazón te lleva a las finales, porque sólo con corazón se trabaja día a día po-

Liderar y dirigir un equipo

niendo el máximo empeño, y es el corazón también lo que te ayuda a sobreponerte en los momentos difíciles; pero es el talento lo que te hace ganar. Para llegar, corazón; para ganar, talento. ¿Cuál es más importante? Los dos.

Dirigir generando confianza

Liderar y dirigir un equipo son cosas diferentes. Yo considero que liderar se hace con el corazón, con el ejemplo, por contagio, por inspiración… mientras que dirigir es más una cuestión de trabajo, de mecanismo, de sistema, de planificación.

Las dos cosas son necesarias, pero mientras que el liderazgo lo ejerce el entrenador, la dirección del equipo debe sostenerse en el equipo de trabajo.

El entrenador debe trabajar a varios niveles. Y hacerse responsable de todo. Hay que contar con un equipo, pero esto no alcanza. Al equipo hay que liderarlo y dirigirlo, porque si no lo diriges, el equipo te dirige a ti. Y cuando esto ocurre, el objetivo final no suele tener mucho que ver con el interés común del equipo, sino más bien con satisfacer los intereses de cada integrante, o de algún grupo dentro del equipo. Si tú no diriges al equipo, alguien lo dirigirá, y ese alguien seguro que no tendrá tu mismo objetivo.

> «El liderazgo lo ejerce el entrenador,
> la dirección del equipo debe sostenerse
> en el equipo de trabajo»

Jugar con el corazón

Un jugador puede salir reforzado en su carrera profesional aunque el equipo no funcione como equipo, pero el entrenador jamás, éste depende siempre de los resultados del equipo. Es fácil recordar a jugadores de renombre que estaban en un equipo que nunca ganaba, pero nadie se acuerda del entrenador de ese equipo. Por eso a veces los jugadores logran cumplir sus objetivos particulares aunque los del equipo no se cumplan.

Entrenador y jugadores deben dedicarse a tareas diferentes y complementarias. ¿Cómo le explicarías a una hormiga la tercera dimensión? ¿La dimensión cúbica? para ellas sólo existe la posibilidad de ir adelante, atrás o al costado, pero no entienden la dimensión cúbica. De manera parecida, a un jugador le cuesta tener conciencia del juego colectivo, salvo que sea un jugador que juegue muy atrás en el campo –por esa razón hay más entrenadores que habían jugado en el centro del campo o en la defensa que como delanteros–. Un jugador puede desear jugar en determinada posición porque cree que él lo haría mejor que el que está ahora allí. Y probablemente el entrenador también lo ve, pero ve además que no tiene a nadie mejor para esa posición, algo que no ve el jugador celoso. Por eso es importante que el entrenador asuma la dirección, que no la deje en manos de un líder natural y espontáneo, porque a éste le faltará visión global e interés colectivo.

Para el profesor Higgins yo seré siempre una florista porque él me trata siempre como a una florista; pero yo sé que para usted

Liderar y dirigir un equipo

puedo ser una señora, porque usted siempre me ha tratado y me seguirá tratando como a una señora.

GEORGE BERNARD SHAW,
Pygmalion

El efecto Pigmalión ha sido comprobado en muchas ocasiones: tal como tratas a alguien, así se comportará. Se trata de una premisa de la dirección de equipos. El origen de este efecto se halla en un mito griego, el del escultor Pigmalión, que estaba tan enamorado de una de sus creaciones, Galatea, que la trataba como si fuese una mujer real, hasta que la escultura cobró vida.

La comprobación científica más conocida de este efecto es la realizada en el ámbito escolar por el psicólogo norteamericano Robert Rosenthal. Éste realizó un experimento con alumnos y maestros para demostrar que los estudiantes obtenían mejores rendimientos si las espectativas de sus profesores sobre la capacidad de los estudiantes era mayor. Realizó una serie de test de inteligencia a estudiantes con dificultades escolares, y comunicó los resultados falseados a mejor a los profesores, en los cuales aparecían como mucho más inteligentes de lo que anunciaban sus test. Como consecuencia, estos alumnos pasaron a ser los más destacados de la clase y mostraron una inteligencia por encima de la media, debido, principalmente, a que los porfesores siempre esperaban buenos rendimientos de estos alumnos. Influidos por ese pre-juicio, los maestros aplaudían cualquier pequeño acierto y disimulaban cualquier pequeño error. Los alumnos

Jugar con el corazón

aumentaros la confianza en sí mismos y en consecuencia mejoró su rendimiento. Los alumnos con dificultades, considerados buenos alumnos, fueron tratados como tales, y por eso sus resultados fueron mejores que quienes fueron tratados como alumnos «normales».

En el deporte, ocurre lo mismo: la expectativa que el entrenador tiene del equipo influye mucho en el resultado. Por eso es imprescindible tener una expectativa alta, confiar en los jugadores y que ellos vean que tú confías en ellos.

Si los jugadores notan que no se les tiene confianza, comienzan a jugar asegurando demasiado, y el equipo no brilla porque no hay riesgo. En momentos así, no vale la pena pedir a los jugadores que arriesguen, porque sencillamente no pueden. Como casi siempre, para cambiar una conducta hay que buscar en lo que pasa en un nivel más profundo y menos visible. Y cuando un jugador no se arriesga, lo que pasa en realidad es que ha perdido la confianza. Hay que ayudarlo a recuperar su confianza, y entonces volverá a arriesgar y brillar.

También ayuda, a la hora de recuperar la confianza, darse cuenta de los pequeños éxitos. Por eso hay que reconocer y destacar en voz alta, y en público, lo que un jugador hace bien, por aquello de que lo que no se nombra no existe. Y si lo que hace bien lo hace por iniciativa propia, no por indicación del entrenador, mucho mejor. Porque se sentirá pillado por sorpresa haciendo las cosas bien, y que inesperadamente alguien te encuentre haciendo las cosas bien es una inyección de seguridad y confianza de lo más efectiva.

Liderar y dirigir un equipo

El poder de sorprender a alguien haciendo algo bien es algo que no dejo de comprobar en diversos ámbitos, como el sábado que fui a un restaurante del centro de Barcelona, al que había ido varias veces. Esa noche comí de segundo plato una ventresca de atún buenísima. Cuando vino el camarero, le dije:

—Dile al cocinero que lo felicito porque el atún estaba espectacular.

Para mi sorpresa, me responde:

—Gracias. El cocinero soy yo.

Dos mesas al lado, estaba el jefe del restaurante, que al escucharnos, se acercó a ver qué pasaba. Le dije:

—Usted es el jefe de este señor, ¿no? Cuídelo bien, porque tiene un cocinero extraordinario.

El jefe quedó atónito y el camarero-cocinero permanecía callado. Así que insistí:

—Desde luego se lo van a quitar, trátelo bien… porque es muy bueno.

Al día siguiente por la tarde suena mi teléfono.

—¿Eres Xesco? —me dice alguien al descolgar—. Soy Saqui, el cocinero del restaurante al que viniste anoche. Es que yo también te tomé la reserva, así que tenía tu móvil. Te llamo para darte las gracias porque jamás me habían hecho algo así.

Bueno, el sorprendido no sólo había sido el cocinero, sino también yo. Es que reconocer lo que alguien hace bien tiene un poder incalculable.

La confianza no es solamente un concepto mental sino un aspecto integral del juego. Es importante sentirse seguro y capaz de hacer algo, pero también hay que saber cómo se hacen las cosas. Es decir, para tener más confianza, hay que sentir que uno es capaz de algo, saber cómo debe hacerse y tener la fuerza necesaria para hacerlo.

Los buenos entrenadores saben muy bien que debe trabajarse en el sistema táctico, es decir, lograr que el equipo sepa todo lo que puede ocurrir en el juego y cómo actuar en cada caso. Éste es el aspecto cognitivo de la confianza. Pero también lo es el aspecto físico: los jugadores necesitan resistencia y fuerza. Y saben que si éstos no se sienten capaces, no estarán a la altura en el campo. Por eso trabajan para transmitirles seguridad en sí mismos.

Un equipo con estos niveles de confianza es contundente, sólido, porque sabe qué hacer y cómo, puede hacerlo y tiene ganas de hacerlo.

Oro y platino

Todos conocemos la regla de oro para tratar al prójimo; incluso sale en la Biblia: trata a los demás como te gustaría que te tratasen a ti. Un día escuché a Tony Alessandra decir que si cumpliéramos esta regla, tendríamos cinco o seis problemas a la semana. Por mucho que lo intenté, al principio no lo entendí. ¿No se suponía que era el ideal del trato a los demás?

«Pues no», contestó, «porque de ese modo estás aplicando tu modelo de mundo a los demás. Hombre, claro que como mínimo tienes que tratar a las personas según esta regla de oro, pero no alcanza. Hay que hacer evolucionar esta regla a la "la regla de platino": trata a los demás como ellos quieren ser tratados».

La regla de platino es válida para todos los grupos que participan en el equipo: el formado por el entrenador y sus ayudantes, el de éstos y los jugadores, y el grupo que conforman todos estos y el público.

Con la regla de oro, los demás te obedecerán disciplinadamente, pero con la de platino te darán su alma, porque se ven tratados con mucho respeto y sienten mucho más suyos los objetivos. Los resultados de trabajar de una forma u otra son incomparables. En el largo plazo, puede resultar muy difícil seguir la regla de platino continuamente, pero ya en el corto plazo los cambios son enormes… Y a veces en la vida y siempre en el deporte… el corto plazo lo es todo.

La regla de platino exige conocer cuáles son las motivaciones de los demás, qué es lo que buscan y quieren, para así poder dárselo. Obtener esa información suele ser más fácil de lo que se piensa, muchas veces basta con preguntar directamente o dejar que surjan espontáneamente a través de dinámicas de grupo.

De todas maneras, por mi experiencia, sé que hay una serie de motivos que casi siempre están presentes.

Los integrantes de un equipo tienen una gran necesidad de sentirse importantes: de que sus méritos sean reconoci-

Jugar con el corazón

dos y de saber que en algún momento sobresalen del resto. También desean notar que progresan en su carrera profesional: que mejoran física, técnica, táctica y psicológicamente. Los jugadores buscan seguridad: que el programa de entrenamiento sea serio, no perder tiempo y estar informados de las razones por las que se hace algo. Igualmente, los jugadores quieren sentir que pertenecen al equipo: no sentirse excluidos o marginados y que haya buena relación entre los integrantes del equipo. Y finalmente los jugadores también necesitan diversión: que los entrenamientos no sean monótonos, pasárselo bien, ser sorprendidos a veces y tener margen para innovar por su cuenta.

En definitiva, seguridad, disfrute, sentido de pertenencia, reconocimiento y posibilidades de desarrollo, motivaciones que creo que están presentes en todos los seres humanos. Y si queremos un equipo comprometido, que dé lo mejor de sí cada día, tendremos que intentar satisfacer estas motivaciones básicas.

Pero no todo es motivación para que un equipo funcione. Tiene que haber también un reglamento, un conjunto de normas para que todo el mundo vaya a una. El objetivo del reglamento no es sancionar, sino explicitar qué acciones no deben ocurrir y que, por lo tanto, si ocurren serán sancionadas, por ejemplo, llegar tarde, y qué acciones no deben ocurrir y no serán toleradas, como faltar el respeto a un compañero.

Liderar y dirigir un equipo

El reglamento, además, tiene que ser creado por los integrantes del equipo, de modo que no sea visto como una herramienta externa de castigo, sino como las reglas de juego de los mismos jugadores. De esta manera, la responsabilidad surge espontáneamente. Y surge lo que en inglés es la *accountability*, que puede definirse como la responsabilidad de hacer algo y dar cuenta de ello. Hay mucho más compromiso en la *accountability* que en la responsabilidad.

«Liderar es emocionar»

Liderar y planificar

El objetivo final del liderazgo es encauzar en la misma dirección las acciones de los demás. Cuando se trata de enfrentarse a una tarea descomunal, como puede ser luchar por un campeonato frente adversarios más potentes, la tarea no es fácil. No se trata de llegar y ordenar, porque aunque nos hiciesen caso, si la conducta no sale de dentro, es más que posible que la gente afloje al primer, segundo o tercer contratiempo. Y todos sabemos que habrá muchos más de tres.

El esfuerzo supremo no se realiza porque te lo manden, sino porque lo crees necesario. Son las creencias sobre aquello que es posible y deseado lo que nos lleva a dejarnos la piel en el intento y a levantarnos incluso antes de tocar suelo cuando caemos.

Sólo conozco una manera de influir en las creencias de la gente: acercando éstas a emociones poderosas. Pintar un futuro emocionante y contagiarlo a los componentes es la manera más rápida de fusionar las creencias en el colectivo. Perseverar, afrontar con optimismo el riesgo de un partido difícil y actuar en cada entrenamiento con el máximo de intensidad sólo es posible si las creencias de los jugadores se funden colectivamente en la dirección de la visión del equipo.

Por eso liderar es emocionar.

Y la variable emocional no es un sumatorio más del rendimiento: es un multiplicador. Un equipo emocionalmente preparado puede multiplicar su valor.... ¡Pero cuidado! cuando multiplicas por un número menor de uno, en realidad estás dividiendo. Tanto el valor de la motivación como el de la preparación deben ser mayores a uno, porque si un jugador vale 20 puntos, y su motivación es 0, el jugador no vale 20 sino 0. Y si el jugador vale 5 pero la motivación es de 5 también, el jugador vale en realidad 25. Esto explica que a veces equipos inferiores en talento y experiencia ganen a otros superiores.

En el partido de ida de los cuartos de final de Kiel, perdimos porque en los últimos tres minutos del encuentro una serie de decisiones llevaron al rival a marcarnos cuatro goles consecutivos. Cuando volvíamos de Kiel a Hamburgo, para coger el avión, estábamos todos muy afectados por el resultado. Yo iba delante del autocar y pensaba que tenía que encontrar alguna manera rápida para salir de ese hundimiento, algo que le diese la vuelta emocional a la eliminatoria, pero tenía muy poco tiempo para descubrirlo. Y entonces, como en las películas americanas que cuando el protagonista está a punto de morir, sucede algo inesperado que lo rescata, me vino a la mente una idea genial: el lema que utilizó el equipo de la película *La fuerza del viento*, sobre la competición de regata de vela de la Copa América. Parafraseándolo, mandé a todos los jugadores este mensaje de texto: «Sólo hay una cosa mejor que ganar: tenerlo casi perdido y conseguir una victoria fulminante». Inmediatamente comenzaron a sonar los avisos de mensaje en los móviles. A los cinco minutos, los jugadores empezaron a animarse y cuando llegamos a Hamburgo todo el mundo confiaba en que íbamos a ganar el siguiente partido y a pasar la eliminatoria.

Y finalmente, ¿quién motiva al motivador?

Al motivador no lo motiva nadie. El motivador tiene que generarse un sistema de motivación que lo autoalimente. A mí, cuando era entrenador, me motivaba el público; como en otras etapas de mi vida me han motivado las personas, ver cómo cambian, cómo las inspiro, ya fuesen mis clientes o mis alumnos. Me inspira descubrir en las personas su talento y ver cómo puedo ayudarlas a desarrollarlo. Me inspira mirar la vida con curiosidad, tratando de descubrir sus tesoros. Me inspiran los libros, las películas y el teatro, la música y los conciertos en directo, la naturaleza, la gente… mirar la vida con curiosidad y extraer de ella la fuerza vital para seguir luchando.

Cada uno debe descubrir qué lo motiva, qué le quita tanto el sueño como a mí me lo quitó conseguir que público vibrase.

Posiblemente, nadie nos lo dé, pero es seguro que si lo conseguimos nadie va a poder quitárnoslo.

> **«Cada uno debe descubrir lo que le motiva, qué le quita tanto el sueño como a mí me lo quitó conseguir que el público vibrase»**

9. Tu vida es ahora

Son las 6:50 de la mañana y suena la alarma del iPhone. Se desata un debate en mi cabeza sobre la conveniencia de levantarme para ir al gimnasio. Pros y contras que duran alrededor de un minuto, el tiempo que tardo en recordar que nadie va a cuidar de mi cuerpo si no lo hago yo mismo.

Segundos después estoy delante del espejo del cuarto de baño, cepillándome los dientes y dando gracias por ver tan claro que cada década de mi vida es la base para la siguiente. Porque el cuerpo que yo tenga en mis cincuenta dependerá de cómo me cuide en mis cuarenta… La vida no para. La vida no se detiene. La vida no espera. La vida siempre nos pone a prueba para ver si hablamos en serio o sólo fingimos.

Podemos perder un día de gimnasio, podemos perder un día de trabajo, pero no podemos perder cinco. La vida sigue y lo que dejamos de hacer hoy ya no podremos recuperarlo. Nos equivocamos al pensar que no pasa nada por un día. El éxito no es el producto de una gran acción esporádica. No gana un partido aquel que marca el gol más bonito, sino el que marca más; igual que no te pones en forma por haberte machacado un día en el gimnasio hasta reventar, ni una semana, ni un mes.

El éxito proviene de la realización de pequeñas y simples acciones importantes realizadas cada día. Acciones simples que son fáciles de hacer... y de no hacer. El problema radica en que no sabemos o no queremos darnos cuenta de lo importantes que son estas acciones. De la misma manera, el fracaso no proviene de un gran error, sino de una larga suma de cosas importantes no hechas durante un largo periodo.

Y ése es el gran problema. Podemos ser unos adictos al gimnasio, cuidarnos al comer, dar lo mejor en nuestro trabajo... o ser adictos a no hacerlo. Porque somos esclavos de nuestros hábitos lo queramos o no. Porque cuando dejamos de pensar, nuestros hábitos toman el poder y controlan nuestro destino.

No me postulo en vivir el ahora por el hecho de que el presente sea todo lo que tenemos, sino porque nuestro futuro está absolutamente basado en lo que hacemos hoy, de la misma manera que lo que hacemos hoy depende en gran medida de cómo hayamos dibujado nuestro futuro.

Ya que vamos a vivir esta vida... ¡vivámosla! Arriesguemos, decidamos, actuemos. Debemos ser conscientes de que nadie lo hará por nosotros. De hecho, lo que va a suceder es lo contrario: o planteas tus objetivos o perteneces a los de otro. O decides vivir tu vida o ayudas a otro a hacer su vida mejor. O vives tu vida según tus condiciones o bien otro te impondrá las suyas.

Tu vida es ahora

«O decides vivir tu vida o ayudas a otro a hacer su vida mejor. O vives tu vida según tus condiciones o bien otro te impondrá las suyas»

La autodisciplina, aunque parezca contradictorio, es lo que nos da la libertad de elegir quién queremos ser y fijar nuestros objetivos. Si no la tenemos, pertenecemos a nuestro entorno, que constantemente nos reclama. Las palabras *disciplina* y *discípulo* tienen la misma raíz. Puestos a ser seguidores de alguien, seámoslo de nosotros mismos.

No creo que haya personas desmotivadas, más bien es que no se han tomado el tiempo para crear una visión fascinante, que las atraiga. Para que sea así de poderosa, la visión debe ser impactante, irreal, de ensueño, que nos lleve a levantarnos temprano. Porque cuando las cosas son fáciles, demasiadas veces nos vemos tentados a pensar que ya lo haremos después, que como es fácil en cualquier momento lo haremos, aunque lo cierto es que ese momento pocas veces llega. Y mientras tanto seguimos sin movernos. En cambio, cuando la visión es fuerte y tenemos suficientes y poderosas razones para conseguirla, la motivación aparece como por arte de magia, a menudo sobre las cinco de la mañana. Tener una visión poderosa nos lleva a hacer incluso lo que no teníamos ganas de hacer, o lo que pensábamos que no podíamos hacer. Una visión así nos hace crecer.

No vivir el presente puede ser señal de cobardía o de falta de confianza en uno mismo… una falta de confianza tal vez instalada en nosotros por los demás, por los que no se atreven

Jugar con el corazón

y quieren que permanezcamos a su lado, para sentirnos con ellos y sentirse seguros. Tu vida es ahora. TU VIDA, no la de los demás. Y debes hacer con ella lo que tú quieras, no lo que los demás hayan decidido por ti. Te aseguro que si te mantienes en constante crecimiento, podrás tener lo que quieras porque la persona en quien te conviertas se lo merecerá.

La vida detesta a los fanfarrones, a los que dicen que harán y no hacen nunca. A los que simulan, a los que presumen. A menudo me preguntan por qué personas que no se lo merecen consiguen más cosas que la buena gente. La respuesta es bien sencilla. Quien consigue algo lo consigue porque actúa, para bien o para mal, pero actúa. En lugar de lamentarte por la injusticia, actúa. La vida no entiende de intenciones, sólo de acciones. Si actúas, lo consigues; si no actúas, no. Punto.

> «La vida detesta a los fanfarrones,
> a los que dicen que harán y no hacen nunca.
> A los que simulan, a los que presumen»

Es cierto que entre nosotros y nuestra visión suele haber algunos obstáculos. Si damos un rodeo, los saltamos o los rompemos, crecemos. Si pensamos que son insuperables, nos estancamos.

Siempre llegamos a ser más grandes que cualquier problema al que nos enfrentamos si estamos dispuestos a crecer. Problemas habrá siempre, salvo que decidas plantarte con las cartas que tienes. Entonces, la vida te da un respiro. Pero si

Tu vida es ahora

quieres más de la vida, entonces la vida te seguirá poniendo a prueba. ¡Eso es lo grande! De hecho, eso separa a los que lo consiguen del resto. Porque la vida quiere que crezcas.

Por muy bueno que seas resolviendo los problemas, enseguida aparecen otros nuevos que te desafían. Cuanto más alto subes, más problemas, y más grandes, pareces tener. Pero si no tuvieses esos problemas, nada te obligaría a crecer, nada te empujaría a buscar todos esos recursos que son tu tesoro personal, nunca más volverías a conectar con ese enorme nivel de pasión que te movió la primera vez. Aquello que más deseamos no tenemos que perseguirlo, sino merecerlo por la persona en quien nos hemos convertido. En el fondo, los problemas son regalos.

Cada nivel de aspiraciones, cada nivel de ingresos, nos pide que seamos alguien diferente. Crecer no es opcional. Aspirar a más, querer algo más en la vida pasa indefectiblemente por crecer para merecerlo.

Como le escuché a Tony Robbins decir, «no hay gente sin recursos, sino estados emocionales sin recursos». Cuando parece que alguien no tiene recursos, lo que ocurre es que no está emocionalmente dispuesto a hacer algo. Si se consigue un estado emocional óptimo, se consiguen los recursos.

¿Y por qué ponernos a actuar justo ahora? ¿Por qué no esperar un poco? Porque cada década es el soporte de la siguiente, cada día es el apoyo del que viene. Y cuanto antes empieces, antes llegarás, o mejor aún: podrás llegar más lejos.

Y si no también podríamos preguntarnos: ¿por qué empezar más tarde? ¿Por qué empezar a vivir la vida, sin aprovecharla al máximo, otro día? ¿Por qué seguir conformándote con este estilo de vida tan poco saludable? ¿Por qué no buscar alternativas a un trabajo que no te gusta? ¿Por qué seguir escondido detrás de la excusa de que no tienes tiempo para ir al gimnasio? ¿Acaso no queda claro que el peligro es quedarse quieto, que el peligro es no arriesgar?

La vida ni es fácil ni difícil, simplemente es. La vida nos pone constantemente a prueba. Nos acecha y nos desafía, sólo para comprobar si hablamos en serio, si realmente queremos decir lo que decimos o si presumimos.

La vida necesita líderes, no sólo que sirvan de ejemplo para los demás, sino que sean líderes de su propia vida. Ser líder no es fácil ni difícil. Es una decisión. No depende de lo que te ocurra, sino de lo que tú hagas con lo que te ocurra. Todo es endeble, nada es para siempre, todo puede derrumbarse y por eso necesitas tener una vida secreta intensa, porque será el sostén cuando todo lo demás te falle.

Es muy duro saber que la vida no da tregua, pero a la vez es muy tranquilizador, porque significa que no podemos hacer nada para evitar tener problemas, que hay que tomarlos como lo que son, parte de la vida.

> **«Cada nivel de aspiraciones,
> cada nivel de ingresos,
> nos pide que seamos alguien diferente»**

En menos de cuatro años me he divorciado, me han echado del trabajo para el que me preparé toda la vida, y mi última relación tampoco ha funcionado. Luché todo lo que pude y supe por estos tres y otros muchos proyectos, y al final se han derrumbado.

Tan sólo sé que no es el final.

La vida es ahora. La vida me desafía. La vida me lanza su fuerza y me golpea para probar quién soy y de qué estoy hecho. Y mi respuesta es siempre la misma: «¿Es ése tu mejor tiro? ¿Es ése tu mejor golpe? ¡Porque apenas me has dado! Si quieres tumbarme, deberás volver a intentarlo, porque yo me levantaré otra vez y seguiré caminando».

Comentarios de los lectores

«Me ha encantado el libro. Cayó en mis manos a eso de las 19:30 de ayer y a las 5 de la mañana ya lo había acabado.

No podía dormir y cometí el error de ponerme a leer el libro para ver si me iba entrando sueño. Grave error. El libro genera muchas sensaciones, pero el sueño no es una de ellas. En mi noche noctámbula dejé el libro a mitad e intenté dormir por segunda vez, pero fue absolutamente imposible.

Por un lado, las ideas y perspectivas de afrontar las situaciones daban vueltas a mi cabeza, y por otro existía gran curiosidad por descubrir el resto de ideas y concepciones que aparecen en el libro, así que tuve que volver a él hasta que lo acabé.

Apenas he dormido tres horas, pero me he levantado con un plus de energía y ganas de hacer cosas.»

Alfredo Fernández

«He leído el libro de una sola tirada. Gracias porque leyéndolo he reforzado mi vocación, aquello que descubrimos que es lo que nos llama.

Jugar con el corazón

No sería fiel a mí mismo si te dijese que no voy a recomendar tu libro para que lo regalen sólo por Sant Jordi, sino que lo regales para la vida.»

Eduard Castro

«Este libro te llena de energía para encarar la toma de decisiones en el deporte y en la vida de cada día.»

Roger Ripoll

«Más que un libro, para mí ha sido una guía de vida. Cómo tomarme la vida cada día de la semana, cómo ver la cara positiva a lo negativo. He aprendido a vivir con el corazón. El libro está escrito por una persona que se toma la vida al 100 % y a la vez se toma todo el tiempo del mundo para entender a las personas y ayudarlas a ser mejores. ¡El libro te da vida!»

Pep Sanglas

«Me leí el libro en 3 ó 4 horas. Me ha gustado mucho. Felicidades. "La disciplina nos da libertad" ¡Qué grande! Cuánto sentido tiene todo lo que dice: la vida interior, la grandeza de nuestras visiones, la fe, los valores… ¡Valores es lo que nos hace falta!»

Jordi González

Comentarios de los lectores

«Soy entrenador de waterpolo. He leído el libro más de una vez y cada vez que lo leo me motiva más a desafiar los conceptos tradicionales. Motivar a la gente en el día a día no es fácil, más cuando no tienes a nadie que te motive a ti. Te agradezco de corazón haber participado en mi formación profesional y personal.»

André Avallone

«Este libro me ha cambiado la vida. Me despierto cada mañana con una sonrisa, con mi despertador anunciando "la disciplina nos da libertad", frase que me impactó y que he grabado en mi móvil. He escrito la visión de mi vida y me revoluciona leerla los pocos días en que estoy menos alegre. Gracias por este maravilloso libro.»

Daniel Rebollo

«Trabajo en una entidad bancaria. He leído la tercera edición de tu libro y he alucinado. Me ha parecido espectacular. Lo estoy volviendo a leer por tercera vez y haciendo un resumen con palabras o frases que me hagan recordar. Usando partes del libro la gente cambia su visión sobre ti. Es increíble. Antes cuando hablaba me escuchaban (o no) y se daban media vuelta. Ahora se quedan a ver qué más explico. A mí me ha cambiado la vida y a los que me rodean también.»

Francis Valero

«Fantástico libro de obligada lectura para todos aquellos que gestionen grupos o equipos y para aquellos que simplemente quieran crecer como personas. Personalmente me ha ayudado a tomar alguna decisión importante. *Waiting on a sunny day*!!»

Fernando Ruiz

«Me he acabado el libro y me parece genial. De aquí a una semana lo leo otra vez y se lo aconsejo a todo amante de la psicología deportiva. Es súper motivante.»

Iván Vázquez

«Soy jugador de futbol. He leído el libro 3 veces seguidas y me parece impresionante. Al leer el libro me he dado cuenta de que este año estaba pensando más en los fallos de los compañeros que en ver mis errores y trabajar para mejorar. Desde hace un mes ya estoy recuperando mi nivel anterior.»

Christian Redondo

Su opinión es importante.
En futuras ediciones, estaremos encantados
de recoger sus comentarios sobre este libro

Por favor, háganoslas llegar a través de nuestra web

www.plataformaeditorial.com